RÜDIGER LOOFF

Die Auswirkungen der Zinsliberalisierung in Deutschland

Veröffentlichungen des
Instituts für Empirische Wirtschaftsforschung

Band 8

Die Auswirkungen der Zinsliberalisierung in Deutschland

Von

Dr. Rüdiger Looff

DUNCKER & HUMBLOT / BERLIN

Gedruckt 1973 bei Buchdruckerei Alb. Sayffaerth, Berlin 61
Printed in Germany
ISBN 3 428 02886 4

Inhaltsverzeichnis

Verzeichnis der Tabellen

Verzeichnis der Schaubilder

Einleitung

Nach dem zweiten Weltkrieg wurden die administrativen Eingriffe in das Kreditwesen der Bundesrepublik Deutschland schrittweise abgebaut. In diesem Zusammenhang sind vor allem drei Maßnahmen zu nennen:

1. Am 10. Juli 1958 hob das Bundesverwaltungsgericht die „Bedürfnisprüfung“ für die Einrichtung von Niederlassungen und Neugründungen der Kreditinstitute[1] auf[2]. Die Bankaufsichtsbehörden der Länder hatten mit der Prüfung die Expansion der Institute kontrolliert und erschwert[3].

2. Das Bundesaufsichtsamt für das Kreditwesen setzte am 1. Dezember 1967 das „Wettbewerbsabkommen“[4] außer Kraft, das fast vierzig Jahre lang den Banken beim Einsatz ihres absatzpolitischen Instrumentariums[5] Schranken auferlegte[6].

3. Der Aufhebung der Zinsverordnung am 1. April 1967[7] kam die größte Bedeutung zu. Sie sollte die Form der Preisbildung im deutschen Kreditgewerbe der marktwirtschaftlichen Ordnung anpassen[8].

Dem Thema entsprechend werden nur die Auswirkungen der Zinsfreigabe behandelt.

---

[1] Im folgenden werden die Begriffe Kreditinstitute, (Kredit-)Institute, Banken und Geschäftsbanken synonym verwendet. Zur Definition vgl. Kreditwesengesetz 1961, § 1.

[2] Urteil des Bundesverwaltungsgerichtes vom 10. Juli 1958, Aktenzeichen: I C 177/54, in: Der Betrieb, 1959, S. 199.

[3] Vgl. Jahresbericht des deutschen Sparkassen- und Giroverbandes e. V. 1957, S. 38.

[4] Bekanntmachung über die Aufhebung der zum Wettbewerbsabkommen ergangenen Anordnungen vom 23. November 1967, Bundesanzeiger, Nr. 225, 1. Dezember 1967.

[5] Begriff von Gutenberg. Vgl. E. Gutenberg: Grundlagen der Betriebswirtschaftslehre, II. Band, Der Absatz, 9. Auflage, Berlin, Heidelberg und New York 1965, S. 123.

[6] Vgl. Jahresbericht des Bundesverbandes des privaten Bankgewerbes e.V. 1967/68, S. 40.

[7] Bundesgesetzblatt I, 1967, S. 352. Die Aufhebung der Zinsverordnung wird auch als Zinsfreigabe oder Zinsliberalisierung bezeichnet.

[8] Vgl. Kreditgewerbe vom Beschluß des Zentralbankrates vom 16. März 1967 nicht überrascht, in: Vereinigte Wirtschaftsdienste, Wirtschaftsspiegel, Nr. 67, 16. März 1967.

In der Literatur ist die Möglichkeit einer Zinsliberalisierung je nach Interessenlage unterschiedlich beurteilt worden; die wesentlichen Gesichtspunkte seien kurz skizziert.

Aus einzelwirtschaftlicher Sicht haben sich die Bankenverbände geäußert: „Eine freie oder weitgehend freie Zinsbildung würde weder unter wettbewerbspolitischen noch unter währungspolitischen Gesichtspunkten befriedigen können[9]“. Konträr dazu stand die Ansicht, daß „für beide Zielsetzungen (Unterstützung der Kreditpolitik, Förderung der Sparfähigkeit, d. V.), eine staatliche Zinsreglementierung nicht notwendig ...“[10] ist.

Gesamtwirtschaftlich wurde die Zinsfreigabe unter dem Aspekt der Funktionstüchtigkeit des Kreditgewerbes betrachtet; auch hier gab es keine einheitliche Auffassung. In der Begründung zum Kreditwesengesetz 1961 heißt es: „Wie kaum ein anderer Geschäftszweig hat das Kreditgewerbe für seine Tätigkeit das uneingeschränkte Vertrauen der Öffentlichkeit in die Sicherheit und in das solide Geschäftsgebaren des gesamten Gewerbes zur Voraussetzung ... In Zeiten starker Liquiditätsanspannung ... kann die Festsetzung für Habenzinsen dazu beitragen, einen übersteigerten Wettbewerb ... zu verhindern, der geeignet wäre, die gesamtwirtschaftliche Funktionsfähigkeit des Kreditapparates zu gefährden“[11]. Ein Liquiditätsfülle der Banken könnte bei ungebundenen Zinsen durch gegenseitiges Unterbieten in den Sollkonditionen zu einem ähnlichen Ergebnis führen[12]. Demgegenüber bestehe zwischen Zinsfreigabe und Funktionstüchtigkeit des Kreditapparates, die durch den Zusammenbruch kleinerer Institute gefährdet sein könnte, kein Zusammenhang, da „Unrentabilität wegen fehlender Zinsmarge noch nie die letzte entscheidende Todesursache für eine Bank gewesen ist. Banken sterben, ..., an Illiquidität. Diese Illiquidität entsteht, wenn Kredite einfrieren oder abgeschrieben werden müssen, oder wenn es an den notwendigen Einlagen zur Finanzierung eines auch noch so gesunden Kreditgeschäfts fehlt. ... Die Versuchung bei sinkender Rentabilität leichtsinnig auszuleihen, mag vorhanden sein, ist aber nicht ausschlaggebend. Entscheidend ist die fachliche Qualifikation, die Seriosität der Bankleitung“[13].

---

9 Jahresbericht des Bundesverbandes des privaten Bankengewerbes e.V. 1962, S. 35; vgl. auch: Jahresbericht des Bundesverbandes des privaten Bankengewerbes e.V. 1966, S. 17 ff.; Jahrbuch des Deutschen Genossenschaftsverbandes e.V. (Schulze-Delitzsch) für 1966, S. 4 f.

10 Jahresbericht des deutschen Sparkassen- und Giroverbandes e.V. 1961, S. 60.

11 Amtliche Begründung zum § 23 Kreditwesen-Gesetz 1961, in: L. Schork: Gesetz über das Kreditwesen, Stuttgart 1967, S. 90.

12 Ebenda.

13 J. P. von Bethmann: Freie Zinsen — ehrliche Zinsen, in: Frankfurter Allgemeine Zeitung, Nr. 45, 22. Februar 1967.

Mit dem Wechsel in der Wirtschaftsordnung nach dem zweiten Weltkrieg stellte sich die Frage, ob die Kreditwirtschaft dem Lenkungsorgan einer Marktwirtschaft, dem Wettbewerb, zu unterstellen sei, mit anderen Worten, ob die Möglichkeit des Bankensystems, Giralgeld und damit zusätzliche Kredite zu schöpfen, vergleichbar sei den Aufgaben anderer Sektoren der Volkswirtschaft, die Güter und Dienstleistungen bereitstellen.

Verneint wird diese Ansicht von Gnam[14]: „..., das Datum der Wettbewerbslenkung auf der Geldseite der Wirtschaft bildet gewissermaßen die Voraussetzung für den Wettbewerb und für die Wettbewerbswirtschaft auf der Güterseite". Dem entgegnet Linhardt[15]: „Für die Kreditwirtschaft gilt der Wettbewerb wie für die ganze übrige Wirtschaft...".

Schließlich wurde die Frage einer Zinsliberalisierung aus dem Blickwinkel der Zentralbank behandelt. Die Auseinandersetzungen konzentrierten sich darauf, ob mit der Aufgabe der direkten Eingriffsmöglichkeit auf die Zinsvereinbarungen zwischen Banken und Nichtbanken[16] der Zentralbank ein nicht zu ersetzendes kreditpolitisches Instrument genommen werde. Die Deutsche Bundesbank hat sich im Zeitablauf unterschiedlich geäußert: „... Diese Verbindung (Verbindung zwischen Diskontänderung und Änderung der Sollzinsen, d. V.) ist sehr wichtig, weil sie wenigstens teilweise ein sofortiges ‚Durchschlagen' von Diskontveränderungen sichert[17]." Im Jahre 1962 urteilte die Bundesbank[18]: „Aus kredit- und ordnungspolitischen Motiven ist die Bank der Auffassung, daß die in § 23 Kreditwesengesetz (Höchstsätze für Kredite und Einlagen, d. V.) für eine hoheitliche Zinsfestsetzung im Kreditgewerbe gebotenen Möglichkeiten ... weiterhin wahrgenommen werden sollten". Anders lauten die Stellungnahmen von Sprechern der Bank im Jahre 1967: „Keinesfalls bedeutet eine Aufhebung der Zinsbindung, daß die Notenbank sich ihres Einflusses auf die Zinsgestaltung begibt"[19],

---

[14] A. Gnam: Kreditinstitute im Wettbewerb, in: Wirtschaft und Wettbewerb, 1956, S. 581—586; wiederabgedruckt in: Geld: und Bankpolitik, Hrsg. E. Dürr, Köln und Berlin 1969, S. 424; ähnlich: H. Gestrich: Kredit und Sparen, 2. Auflage, Bad Godesberg 1947, S. 155; W. Röpke: Der Platz der Banken in einer entwickelten Volkswirtschaft, in: Festschrift für C. G. Trinkaus, Düsseldorf 1960, S. 122.

[15] H. Linhardt: Kreditinstitute im Wettbewerb, in: Wirtschaft und Wettbewerb, 1957, S. 3—21; wiederabgedruckt in: Geld- und Bankpolitik, Hrsg. E. Dürr, Köln und Berlin 1969, S. 434.

[16] Wenn im folgenden von „Marktzinsen" gesprochen wird, sind die Zinssätze im Verkehr zwischen Banken und Nichtbanken angesprochen. Die debitorischen Beziehungen der Kreditinstitute zu Nichtbanken umfaßt der Begriff „Bankenkreditmarkt", die kreditorischen Beziehungen der Begriff „Bankeneinlagenmarkt".

[17] Geschäftsbericht der Deutschen Bundesbank für das Jahr 1957, S. 38.

[18] Geschäftsbericht der Deutschen Bundesbank für das Jahr 1962, S. 101.

[19] O. Emminger: Aktuelle Probleme der Geld- und Bankpolitik, Vortrag gehalten vor dem Verband der privaten Kreditinstitute in Hessen, Frank-

da man überzeugt ist, „daß die Notenbank es mit den ihr zur Verfügung stehenden Instrumenten in der Hand habe, die Marktkräfte zu beeinflussen, und sie so zu steuern, daß sich auch ohne staatliche Mithilfe das ihr richtig erscheinende Zinsniveau ergibt“[20]. Später ist Köhler[21] anderer Ansicht: „Die Aufhebung der Zinsverordnung hat das zinspolitische Instrumentarium geschwächt.“

Es wurde zu zeigen versucht, welche gegensätzlichen Meinungen sich mit der Zinsliberalisierung verbanden. Da die Entscheidung mit der vollständigen Freigabe der Zinsen im Verkehr zwischen Banken und Nichtbanken am 1. April 1967 gefallen ist, bleibt allein die Frage nach ihren tatsächlichen Auswirkungen. Dies soll der Gegenstand der Untersuchung sein. Zunächst wird auf die Zinsverordnung aus dem Jahre 1965 und die Zinsbildung am Bankeneinlagen- und Bankenkreditmarkt bis 1967 eingegangen. Daran schließt sich an die Darstellung der Entwicklung und Struktur ausgesuchter Zinssätze[22], die für das Gesamtzinsniveau nach der Zinsfreigabe sowohl maßgebend als auch statistisch erfaßbar sind. Die dann vorgenommene Unterteilung der von der Aufhebung der Zinsverordnung Betroffenen in Bundesbank, Banken und Nichtbanken wird während der Arbeit beibehalten. Nachdem Allgemeines zur Zinspolitik der Zentralbank, zur Bankenrentabilität und zur Marktstellung der Nichtbanken gesagt ist, werden Stellungnahmen zu möglichen Auswirkungen der Zinsfreigabe wiedergegeben. Die daraus abgeleiteten Thesen gilt es anhand der Zinsentwicklung nach 1967 zu überprüfen, so daß die durch die Zinsliberalisierung hervorgerufenen Änderungen in den Handlungsalternativen der Beteiligten ersichtlich werden.

Es seien schon hier die auftretenden Schwierigkeiten bei der Behandlung des Themas genannt: Die inzwischen verstrichene Zeit ist so kurz, daß die vollständige Auswirkung der Zinsfreigabe erst später zu erkennen sein wird; das zur Verfügung stehende statistische Material ist beschränkt und teilweise lückenhaft; schließlich muß der Versuch, Einzelursachen, die für eine Gesamtentwicklung verantwortlich sind, zu trennen und auf ihre Kausalität hin zu werten, ein Versuch bleiben, ohne daß es möglich ist, die Ergebnisse exakt zu quantifizieren.

Wenn diese Arbeit trotzdem geschrieben wird, so deshalb, um einen Beitrag zu einer ersten Klärung der umstrittenen Probleme zu liefern.

---

furt/M., 15. März 1967, in: Deutsche Bundesbank, Auszüge aus Presseartikeln, Nr. 22/1967, 17. März 1967, S. 6.

[20] L. Gleske: Notenbankpolitik und Zinsliberalisierung, in: Der Volkswirt, Nr. 42, 20. Oktober 1967, Beiheft „Geld und Kredit“, S. 12.

[21] Cl. Köhler: Hat sich die Zinsfreigabe bewährt?, in: Der Volkswirt. Nr. 20, 17. Mai 1968, S. 27.

[22] Im folgenden werden „Zinssätze“ und „Konditionen“, „Sollzinssätze“ und „Kreditzinsen“, sowie „Einlagen-“, „Passiv“- und „Habenzinssätze“ synonym verwendet.

A. Zinsverordnung und Zinsbildung im deutschen Kreditgewerbe

I. Ursprung und Entwicklung der Zinsverordung[1]

Die staatlich beeinflußte Zinsreglementierung in Deutschland geht zurück auf das Jahr 1931, in dem der Reichspräsident am 8. Dezember die vierte Notverordnung „Zur Sicherung von Wirtschaft und Finanzen und zum Schutz des inneren Friedens“[2] erließ.

Obwohl es in der Zeit davor keine Eingriffe der Behörden in die Gestaltung der Zinssätze im Verkehr zwischen Banken und Nichtbanken gab, sind verschiedene zwischenbankliche Abmachungen als deren Vorläufer anzusehen, teils von der Reichsbank geduldet, teils ausdrücklich befürwortet. Als erste der zwischenbanklichen Vereinbarungen kamen im Jahre 1913 die „Allgemeinen Abmachungen der Vereinigung von Banken und Bankiers“ in Berlin zustande. Inhaltlich wurden gemeinsam anzuwendende Zins- und Provisionssätze im Kontokorrent- und Depositenverkehr festgesetzt. Alle maßgebenden Privatbanken außer den Sparkassen und Kreditgenossenschaften unterschrieben die Vereinbarungen, als deren Ziel es galt, einen ruinösen Wettbewerb zu verhindern und damit die Rentabilität der angeschlossenen Institute zu sichern. Die Reichsbank war nicht direkt an dem Abkommen beteiligt, überwachte auch nicht, ob die ausgemachten Richtsätze eingehalten wurden, setzte aber ihre Machtmittel ein, wie Androhung der Kreditsperre oder Ausschluß vom Reichsbankgiroverkehr, um die in ihrem Interesse liegende Abschwächung des Zins- und Konditionenwettbewerbs durchsetzen zu helfen. Wie Zinserhebungen der Reichsbank aus

[1] Vgl. hierzu die ausführlichen Darstellungen bei: H. Kalkstein: Die Geschichte der staatlichen Zinsregelung in Deutschland, in: Der Volkswirt, Heft 41, 11. Oktober 1963, Beiheft: „Geld und Kredit“, S. 8 ff. F. Deeg: Die Frage der kartellmäßigen und obrigkeitlichen Bindung der Bankkonditionen, insbesondere der Zinssätze, Dissertation, Erlangen 1957, S. 27 ff. K. M. Ernst: Die Zinsreglementierung im Kreditgewerbe der Bundesrepublik Deutschland, Dissertation, Freiburg/Schweiz 1963, S. 3 ff. W. Kantel: Zins- und Wettbewerbsabkommen, Stuttgart 1955; E. Walb: Übersetzung und Konkurrenz im deutschen Kreditapparat, in: Untersuchungen des Bankwesens 1933, I. Teil, Hrsg. Untersuchungsausschuß für das Bankwesen, 1. Band, S. 150 ff. Die Ausführungen in diesem Abschnitt beziehen sich auf die genannten Quellen.

[2] Reichsgesetzblatt I, 1931, S. 704.

den Jahren 1924 und 1926 zeigten, wurden die Abmachungen eingehalten; Banken, die nicht beigetreten waren, paßten ihre Konditionen an.

Am 11. Mai 1928 regelten Privatbanken, Sparkassen und Kreditgenossenschaften in einem „Wettbewerbsabkommen“ Fragen der Werbung und des Zahlungsverkehrs innerhalb des Bankenapparates. Die „Allgemeinen Abmachungen“ bestanden weiter.

Nach dem Höhepunkt der Bankenkrise im Juli 1931 ersetzte die Reichsregierung die privatwirtschaftlichen Abreden im Kreditgewerbe durch die eingangs erwähnte vierte Notverordnung. Als Durchführungs- und Kontrollorgane dienten ein „Kuratorium für das Bankgewerbe“ — eingerichtet bei der Reichsbank — und ein „Reichskomissar für das Bankgewerbe“.

Die Regierung verfolgte mit der Notverordnung ein doppeltes Ziel:

1. Die kurzfristigen Soll- und Habenzinsen sollten allgemein gesenkt werden, um die Spanne zwischen kurz- und langfristigen Zinssätzen auf ein angemessenes Maß zu reduzieren. Bei einem Diskontsatz von 15 % betrug z. B. der Satz für kurzfristige Kontokorrentkredite incl. Vorschußprovision 18 %[3], dagegen der für langfristige Ausleihungen 7—8 %, während auf der Habenseite für tägliches Geld 11—12 % bei einem langfristigen Satz von 5—6 % geboten wurden[4].

2. Die Rentabilität im Bankengewerbe sollte gesichert werden. Die Konkurrenz der Institute um Einlagen und das dadurch induzierte hohe Habenzinsniveau müßte, so befürchtete man, zu weiteren Bankzusammenbrüchen führen und die Funktionstüchtigkeit des gesamten Kreditgewerbes gefährden.

Der Reichskommissar hatte die Aufgabe, Zinsvereinbarungen zwischen den Bankenverbänden zunächst auf freiwilliger Basis herbeizuführen. Falls keine Resultate erzielt würden, konnte er autonome Anordnungen treffen, was einer staatlichen Reglementierung gleichkam.

Bis zum 9. Januar 1932 einigten sich die Verbände — Reichsbank und Reichskommissar machten dabei ihren Einfluß geltend —, so daß an diesem Tage ein „Zinsabkommen der Spitzenverbände des deutschen Bankgewerbes“ für allgemeinverbindlich erklärt werden konnte.

---

[3] Vgl. E. Fessler: Von der Zinsbindung zur Zinsfreiheit, Vortrag gehalten vor dem Institut für Bankwirtschaft und Bankrecht an der Universität zu Köln, 30. Mai 1967, in: Deutsche Bundesbank, Auszüge aus Presseartikeln, Nr. 41, 8. Juni 1967, S. 2.

[4] Vgl. Untersuchungsausschuß für das Bankwesen 1933, Maßnahmen des Staates hinsichtlich einer Beaufsichtigung und Reglementierung des Bankwesens, Referat II/3, Berlin Oktober 1933, S. 34.

Das Abkommen gliederte sich in vier Teile:

1. Ein Mantelvertrag gab Richtlinien, wie die Bestimmungen im einzelnen anzuwenden waren und legte fest, daß ein „Zentraler Kreditausschuß“ und „Regionale Kreditausschüsse“ zu schaffen seien. Die Ausschüsse fungierten als Vertretung der Bankenverbände und hatten die Durchführung des Abkommens zu überwachen.
2. Das Habenzinsabkommen sah Höchstzinssätze vor, die Banken Nichtbanken im Passivgeschäft vergüten, aber auch unterschreiten durften.
3. Das Sollzinsabkommen verpflichtete die Kreditinstitute, im Aktivgeschäft ebenfalls nur nach oben begrenzte Konditionen zu beachten.
4. Mit der Übernahme des Wettbewerbsabkommens aus den Jahren 1928 und 1930 bestätigte das „Zinsabkommen“ die in der damaligen Zeit getroffenen Vereinbarungen.

Den Absichten der Reichsregierung gemäß sanken die Zinssätze bis September 1932 auf ein — verglichen mit früheren Perioden — normales Maß; es mußten bei einem Diskontsatz von 4 % für Kontokorrentkredite 7 % Zinsen entrichtet werden; die Habenzinsen für tägliches Geld verminderten sich auf 1—1,75 % (entsprechende Werte für Dezember 1931: Diskont 7 %, Kontokorrentkredite 10 %, Habenzinsen 4—5 %)[5]. Im Ergebnis waren sowohl die gegenläufige Zinstendenz für kurz- und langfristige Bankgeschäfte als auch die Belastung der Banken durch überhöhte Passivzinsen abgebaut worden.

Das Kreditwesengesetz[6] vom 5. Dezember 1934 änderte an dem 1932 geschlossenen „Zinsabkommen“ nichts, erweiterte jedoch die Machtbefugnis der Behörden auf alle das Kreditwesen betreffenden Fragen. Der Reichskommissar konnte Mehrheitsbeschlüsse des Zentralen Kreditausschusses über Geschäftsbedingungen — das betraf neben den Soll- und Habenzinsen vor allem die Provisionssätze — und über das Wettbewerbsabkommen hinausgehende Absprachen für allgemeinverbindlich erklären; er war in der Lage, Beschlüsse in seinem Sinne abzuändern oder zu verwerfen und eigene Verordnungen zu dekretieren.

Aufgrund der im Kreditwesengesetz 1934 ausgesprochenen Ermächtigung faßte der Zentrale Kreditausschuß das Zinsabkommen aus dem Jahre 1932 neu. Von den hinzugekommenen Bestimmungen seien erwähnt: In das Sollzinsabkommen wurden die bisher ausgeklammerten Zinssätze für Diskontkredite, in das Habenzinsabkommen die Konditionen für Einlagen bis zu vier Jahren Laufzeit aufgenommen; die Regionalen Kreditausschüsse entfielen, wodurch man örtliche, von den

[5] Vgl. E. Fessler: Von der Zinsbindung zur Zinsfreiheit, S. 2.

[6] Reichsgesetzblatt I, 1934, S. 1203.

Anordnungen der Zentralinstanz abweichende Regelungen unterband. Das Zinsabkommen erklärte der Reichskommissar am 23. Dezember 1936 für allgemeinverbindlich[7], es trat am 1. Januar 1937 in Kraft und lieferte die Rechtsgrundlage, die Zinsbindung nach dem zweiten Weltkrieg wieder einzuführen.

An die Stelle des Zentralen Kreditausschusses traten nach 1945 die Bankaufsichtsbehörden der Länder, die den materiellen Inhalt des Kreditwesengesetzes 1934 in eigene Verordnungen umwandelten. Zur Koordinierung der Länderbehörden konstituierte sich ein „Sonderausschuß Banken", in dem Vertreter der Länder, des Bundes und der Bank deutscher Länder bzw. der Bundesbank auf freiwilliger Basis zusammenarbeiteten; die Empfehlungen des Sonderausschusses waren nicht rechtsverbindlich, wurden aber von den Länderbehörden befolgt.

Das Kreditwesengesetz vom 10. Juli 1961[8] ermächtigte im § 23 das Bundesaufsichtsamt für das Kreditwesen im Einvernehmen mit der Deutschen Bundesbank die weiter gültigen Bestimmungen des Zinsabkommens aus dem Jahre 1936 zu modifizieren. Am 1. März 1965 trat eine neue Zinsverordnung[9] in Kraft. Sie enthielt neben den Allgemeinen Bestimmungen eine Haben- und eine Sollzinsregelung, deren Vorschriften sich eng an die aus dem Jahre 1936 anlehnten. Von demselben Zeitpunkt ab unterlagen Einlagen mit einer längeren Laufzeit als 2 1/2 Jahren nicht mehr der Zinsbindung: Die Zinssätze konnten frei zwischen Banken und Nichtbanken vereinbart werden. Am 1. Juli 1966 kam es zu einer weiteren Teilliberalisierung: Für Einlagen von über 1 Mill. DM mit einer Laufzeit von mehr als 3 Monaten entfiel die Zinsbindung[10].

Schließlich hob das Bundesaufsichtsamt für das Kreditwesen mit Wirkung vom 1. April 1967 die gesamte Zinsverordnung auf.

II. Bestandteile der Zinsverordnung vom 1. März 1965

1. Sollzinsregelung

Es geht hier nicht darum, die Verordnung vollständig zu zitieren oder zu kommentieren; nur die wichtigsten Bestimmungen sind hervorzuheben und damit der Rahmen abzustecken, den die Zinsverordnung bis zum 1. April 1967 für die Aktionen der Banken und Nichtbanken bildete.

---

[7] Deutscher Reichsanzeiger, Nr. 299, 23. Dezember 1936.

[8] Bundesgesetzblatt I, 1961, S. 881 ff.

[9] Bundesgesetzblatt I, 1965, S. 33 ff.

[10] Bundesgesetzblatt I, 1966, S. 386 f.

Die Sollzinsregelung galt nach § 1 der Zinsverordnung[11] für Gelddarlehen aller Art, die Kreditinstitute gewährten, für Wechseldiskontkredite und für den Ankauf eigener Akzepte, sofern diese Kredite auf DM lauteten. Ausnahmen bestanden vor allem bei Kreditgeschäften der Banken untereinander (Nostrogeschäfte), bei Krediten mit einer längeren Laufzeit als vier Jahre und Ausleihungen an Gebietsfremde (§ 2).

§ 3 bestimmte die Kosten, die Banken bei Krediten berechnen durften, und verwies auf Anlage 1 der Zinsverordnung, in der die Relation der maximal zulässigen Sollzinsen zu dem Diskontsatz[12] der Deutschen Bundesbank festgelegt war. Danach konnten für Kontokorrentkredite Diskontsatz + 4,5 % (D + 4,5 %) an Zinsen gefordert werden, für Wechseldiskontkredite, je nachdem, ob es sich um bundesbankfähige[13] Abschnitte handelte oder nicht, D + 3 % bzw. D + 4,5 % und für Akzeptkredite D + 3,5 %.

Den Kreditinstituten war es gestattet, weitere Kosten zu berechnen:

1. Kreditprovision bis zu 3 % p. a. Die Provision war in Jahresprozenten auszudrücken und zusammen mit den Zinsen anzugeben (§ 5).
2. Überziehungsprovision bis zu 1,5 % p. a. (Anlage 1 der Zinsverordnung).
3. Umsatzprovision bis zu 1,0 % des p. a. in Anspruch genommenen Kreditbetrages (Anlage 1 der Zinsverordnung).

Die Sollzinsregelung war als Höchstzinsregelung ausgelegt, gestattete also, die Maximalsätze zu unterschreiten.

2. Habenzinsregelung

Die Habenzinsregelung galt nach § 11 der Zinsverordnung für alle Einlagen inländischer Nichtbanken, auch wenn die Einlagen in ausländischer Währung gehalten wurden. Mittel gebietsfremder Kreditoren waren nach Maßgabe des Außenwirtschaftsgesetzes (§ 23, Abs. 1, Nr. 7) zu verzinsen. Wesentliche Ausnahmen vom Geltungsbereich der Verordnung fanden sich im § 12: Einlagen bei der Deutschen Bundespost, der Kreditanstalt für Wiederaufbau, den Bausparkassen und Einlagen, deren Kündigungsfrist mehr als 2 1/2 Jahre betrug, unterlagen nicht der Habenzinsregelung. Weitere Ausnahmen bestanden für bei Banken durchlaufende Gelder, für zweckgebundene Einlagen der öffentlichen Hand und für liquide Mittel, die Banken mit schriftlichem Kreditvertrag und banküblicher Sicherung bei Nichtbanken aufnahmen.

---

11 Die hier zitierten §§ beziehen sich auf die Zinsverordnung 1965.

12 Diskontsatz und Bankrate werden im folgenden synonym verwendet.

13 Zur Definition „bundesbankfähig“ siehe Allgemeine Geschäftsbedingungen der Deutschen Bundesbank, Stand 1. Juli 1969, Geschäftsbedingungen V, Ziffer 7—12.

Im § 13 wurden die Einlagearten unterteilt in:

1. Sichteinlagen
2. Befristete Einlagen
3. Spareinlagen

Zu den Sichteinlagen rechnete man Mittel, die Nichtbanken Kreditinstituten zur Verfügung stellten, ohne daß eine bestimmte Laufzeit oder Kündigungsfrist vereinbart war.

Befristete Einlagen umfaßten Gelder, die auf mehr als 30 Zinstage festgelegt waren[14].

Spareinlagen definiert der Gesetzgeber im § 21 Kreditwesengesetz 1961, Abs. 1 und 2, als „Einlagen, die durch Ausfertigung einer Urkunde, ..., als solche gekennzeichnet sind. Als Spareinlagen dürfen nur Geldbeträge angenommen werden, die der Ansammlung oder Anlage von Vermögen dienen".

In Anlage 2 zur Zinsverordnung wurden die Einlagenarten weiter nach Kündigungsfristen getrennt und die dazugehörigen, im Jahre 1965 gültigen Höchstsätze genannt.

Um zu verhindern, daß Banken Einlagen höher als gesetzlich zulässig verzinsten, enthielten die §§ 16—18 detaillierte Anweisungen, wie zu verfahren war, wenn Einlagen vorzeitig zurückgezahlt oder die Laufzeiten geändert wurden; zusätzliche Leistungen, z. B. nicht berechnete Kontoführungsgebühren galten als Habenzinsen. Sofern im ersten Fall die effektive Bindungsdauer unter 2 $^1/_2$ Jahre sank, bestimmte sich die Vergütung nach den in der Zinsverordnung angegebenen (praktisch niedrigeren) Sätzen. Wenn im zweiten Fall die Summation der Zinssätze eine höhere als nach der Zinsverordnung zulässige Verzinsung erbrachte, mußte sie auf das erlaubte Niveau reduziert werden.

3. Gemeinsame Bestimmungen für Haben- und Sollzinsen

Von den gemeinsamen Bestimmungen sind drei Richtlinien zu erwähnen:

1. § 19 betraf die Einrichtung des „Zinsvoraus".

   Danach durften kleinere Kreditinstitute mit einer begrenzten Bilanzsumme (Anlage 3 der Zinsverordnung) Einlagen um $^1/_8$ % bis $^1/_2$ % besser verzinsen als die übrigen Institute. Zum Ausgleich ihrer erhöhten Geldbeschaffungskosten konnten die Banken, die

---

14 Die Unterscheidung in Kündigungs- und Festgelder berührt die Rückzahlungsmodalität. Da die Zinssätze für beide Einlagearten nicht differierten, wird im folgenden von Termingeldern oder -einlagen gesprochen. Vgl. auch: Monatsberichte der Deutschen Bundesbank, März 1967, S. 3, Fußnote 1.

einen „Zinsvoraus" gewährten, im Aktivgeschäft die Sollzinsen um denselben Prozentsatz anheben. Die Regelung bezweckte, den Wettbewerbsnachteil kleinerer Institute zu kompensieren, den diese möglicherweise aus der Sicht von Nichtbanken z. B. wegen ihrer geringen Eigenkapitalbasis hatten.

2. § 22 regelte den Zeitpunkt, zu dem die von der Zinsverordnung betroffenen Zinssätze zu ändern waren. Die Sollzinssätze der Kreditinstitute, die an den Diskontsatz der Deutschen Bundesbank gekoppelt waren, änderten sich automatisch an dem Tage, an dem der Diskontsatz neu festgelegt wurde.

3. § 23 erläuterte[15], wie zu verfahren war, wenn die Höchstsätze für Kreditkosten gesenkt wurden. Überschritten die Kreditkosten dann die zulässige Höchstgrenze, sollten Kreditinstitute die Konditionen an diese Grenze anpassen (Abs. 1).

   Andererseits waren die Banken verpflichtet, Einlagen der Nichtbanken sofort niedriger zu verzinsen, bzw. Festgelder zu kündigen, wenn die Habenzinssätze herabgesetzt wurden. Diese Vorschrift sollte die Effizienz von Zinssenkungsmaßnahmen sichern, da sonst unbewegliche Einlagenzinsen zu erwarten gewesen wären: Der Wettbewerb zwischen den Kreditinstituten um Spar- und Termineinlagen hätte erfahrungsgemäß verhindert, daß die Habenzinsen vermindert wurden (Abs. 2).

III. Durchsetzung der Zinsverordnung

Wenn von der Durchsetzung der Zinsverordnung gesprochen wird, bezieht sich das fast ausschließlich auf die Habenzinsregelung.

Die Sollzinsvorschriften zu umgehen, d. h. höhere als maximal zulässige Zinssätze im Aktivgeschäft zu fordern, kam für die Banken nicht in Betracht. Die gesetzlichen Bestimmungen waren eindeutig und zudem machte es der Wettbewerb in der Regel unmöglich, die Sätze über die Höchstgrenze anzuheben[16]. Im Massengeschäft[17] wurden die Höchst-

[15] Vgl. auch: Monatsberichte der Deutschen Bundesbank, März 1965, S. 4.

[16] Vgl. dazu K. Andreas: „Graue" Sollzinsen?, in: Frankfurter Allgemeine Zeitung, Nr. 139, 19. Juni 1954.

[17] Unter „Massengeschäft" soll zunächst die Geschäftsverbindung der Kreditinstitute mit Nichtbanken ohne Verhandlungsmacht („Normalkunde") verstanden werden. Demgegenüber ist das „Individualgeschäft" („Großgeschäft") dadurch gekennzeichnet, daß die Nichtbanken mit Verhandlungsmacht („Großkunden", „marktmächtige" bzw. „potente Kunden") ausgestattet sind. Vgl. H. J. Krümmel: Bankzinsen, Untersuchungen über die Preispolitik von Universalbanken, Köln—Berlin—Bonn—München 1964, S. 233 ff.

sätze einheitlich angewendet, im Individualgeschäft je nach Verhandlungsmacht der Nichtbanken niedrigere Konditionen zugestanden[18].

Die Habenzinsregelung schrieb formell Höchstzinssätze vor, geringere Einlagenzinsen waren gestattet. In der Praxis konnte es sich kein Kreditinstitut aus Konkurrenzgründen leisten, niedrigere als die zulässigen Zinsen zu gewähren: Die Höchstsätze wurden zu Normalkonditionen. Diese Identität kennzeichnete das Zinsgebaren der Institute im Massengeschäft, so daß Nichtbanken mit relativ größeren Einlagen legal keine höhere Verzinsung ihrer Mittel erwarten durften. Banken war aber an Großkunden gelegen, deren Konten gegenüber Massenkonten — bei angenommen gleich hohem Volumen der Einlagen — weniger Bearbeitungszeit und Buchungsgänge erfordern. Die Zwangslage, sowohl den Interessen der Geldgeber — damit auch den eigenen — zu dienen, als auch mit der Zinsverordnung nicht in Konflikt zu kommen, ließ Kreditinstituten bisweilen nur die Wahl, auf Geschäfte zu verzichten und möglicherweise die Kunden zu verärgern oder die gesetzlichen Bestimmungen zu umgehen. Die im folgenden genannten Möglichkeiten, die Habenzinsregelung zu übertreten, geben zu erkennen, welche Anstrengungen in dieser Richtung unternommen wurden, teils durchschaubar, teils nicht zu kontrollieren.

Im Kreditwesengesetz 1934 war den Banken die Abgabe von kurz-, mittel- und langfristigen[19] Wertpapieren an Nichtbanken untersagt. Im Kreditwesengesetz 1961 ist die Bestimmung entfallen. Kreditinstitute konnten Einlagen in der Form hereinnehmen, daß sie Nichtbanken verzinsliche Aktiva überließen und sich verpflichteten, die Wertpapiere zurückzukaufen. Ver- und Ankaufskurse und die Laufzeit wurden so festgelegt, daß ein effektiver Zinssatz zustande kam, der über dem für vergleichbare Depositen lag, falls bezweckt war, die Habenzinsregelung zu umgehen[20]. Die Banken hatten bei derartigen Geschäften einen doppelten Vorteil: Einmal waren sie in der Lage, akquisitorisch ansprechende Konditionen zuzusagen, zum anderen Wertpapiere auf eine bestimmte Zeit unterzubringen, deren augenblickliche Verwertung an der Börse oder bei der Zentralbank mit Schwierigkeiten verbunden gewesen wäre[21].

---

18 Vgl. Stellungnahme des Wissenschaftlichen Beirats beim Bundesministerium für Wirtschaft: Fragen staatlicher Zinsregulierung, in: Bulletin des Presse- und Informationsamtes der Bundesregierung, Bonn, Nr. 91, 12. Juli 1966, Textziffer 3.

19 Mit einer Restlaufzeit von weniger als vier Jahren.

20 Zur Definition dieser „Pensionsgeschäfte" vgl. Monatsberichte der Deutschen Bundesbank, November 1965, S. 3. Ausführlich werden die Transaktionen dargestellt bei: M. Ferber: Pensionsgeschäfte der Kreditinstitute, Frankfurt/M. 1969.

21 Vgl. M. Leyherr: Die Regelung der Habenzinsen in Deutschland, Dissertation, Nürnberg 1966, S. 139.

Die Bundesbank hat für Pensionsgeschäfte eine Meldepflicht eingeführt[22]. Daraus ist zu erkennen, welche Bedeutung die Zentralbank den Pensionsgeschäften zumaß und wie sie versuchte, einen Einblick in deren Größenordnung zu erhalten, um die Transaktionen in ihr liquiditätspolitisches Kalkül einbeziehen und ggf. — z. B. durch Anrechnung auf die Rediskontkontingente — gegensteuern zu können[23]. Angaben zum Volumen zeigen, daß sich das Pensionsgeschäft Ende 1965 auf Fälligkeiten bis zu 2 1/2 Jahren konzentrierte[24]. Verbindlichkeiten der Kreditinstitute in Höhe von 2,1 Mrd. DM aus Geschäften mit in- und ausländischen Nichtbanken betrafen wohl überwiegend Abmachungen, deren Ziel es war, höhere als nach der Zinsverordnung zulässige Zinssätze zu gewähren.

Wenn Kreditinstitute Kassenobligationen, Despositenzertifikate und Sparbriefe mit Obligationscharakter von einer Laufzeit bis zu vier Jahren (vor dem 1. März 1965) und bis zu 2 1/2 Jahren (nach dem 1. März 1965) abgaben, beabsichtigten sie oft, auf diesem Wege die Zinsbindung zu umgehen: Die Wertpapiere wurden bei kürzerer Laufzeit besser verzinst als es die Habenzinsregelung erlaubte. Auch wenn das Bundesaufsichtsamt für das Kreditwesen solche Transaktionen registrierte, bestand keine gesetzliche Handhabe, dagegen vorzugehen[25]. Ohne gesetzliche Grundlage mußte auch der Versuch des Bundesaufsichtsamtes scheitern, Kreditinstituten die Ausgabe von Kassenobligationen zu untersagen, wenn den Abnehmern ein Kündigungsrecht eingeräumt und eine rückwirkende Erhöhung des Zinssatzes bei Prolongation zugesagt war[26].

Eine andere Möglichkeit, die Habenzinsregelung zu umgehen, bot sich darin, laufzeitkonforme Konditionen bei Termingeldern zu vereinbaren, aber die tatsächliche Laufzeit in einer Nebenabrede so zu begrenzen, daß die Zinsgutschrift eigentlich nach der kürzeren Laufzeit zu bemessen gewesen wäre[27]. Banken vergüteten auch formell zulässige Zinsen, während in einer Nebenabrede die tatsächlichen Konditionen festgehalten wurden. Ähnlich lagen die Verhältnisse, wenn die

---

22 Bundesanzeiger Nr. 54, 19. März 1965.

23 Vgl. Monatsberichte der Deutschen Bundesbank, November 1965, S. 3 f.

24 Gesamtverpflichtungen der Kreditinstitute aus Pensionsgeschäften (Stand: Ende September 1965): 4,2 Mrd. DM. Gesamtfälligkeiten unter 2 1/2 Jahren Laufzeit: 3,9 Mrd. DM, davon 2,1 Mrd. DM gegenüber in- und ausländischen Nichtbanken. Vgl. Monatsberichte der Deutschen Bundesbank, November 1965, S. 3 f.

25 Vgl. W. Könneker: Die Bankkonditionen zwischen Freiheit und Bindung, in: Zeitschrift für das gesamte Kreditwesen, Nr. 5, 1965, S. 169.

26 Vgl. K. Rieger: Grundsätzliches und Aktuelles zum Markt der deutschen Kassenobligationen, in: Bank-Betrieb, Nr. 4, 1965, S. 93 f.

27 Vgl. Jahresbericht des deutschen Sparkassen- und Giroverbandes e.V. 1962, S. 59.

Einlagenzinssätze zu senken waren[28] und Kreditinstitute die Anpassung der Sätze durch fingierte Kündigungen zu verhindern trachteten[29].

Um die Zinsschranken im Einlagengeschäft zu überwinden, offerierten Kreditinstitute Nichtbanken mit Verhandlungsmacht „Koppelgeschäfte", d. h. sie vergüteten nominell statthafte Zinssätze, „koppelten" aber daran die Zusage, entsprechend niedrigere Sollzinsen zu berechnen. Da sich die Geschäfte der Banken mit den in Frage kommenden Nichtbanken häufig auf debitorischer wie kreditorischer Basis abspielen, eröffneten sich dazu eine Reihe von buchtechnischen Möglichkeiten: Es wurden parallel Kredite zu Vorzugskonditionen eingeräumt, Spenden bewilligt oder Zinsdifferenzen an Mittelsmänner bar ausgezahlt oder überwiesen[30].

Von „Koppelgeschäften" im weiteren Sinne spricht man, wenn Kreditinstitute unentgeltliche Dienstleistungen erbringen, indem sie Nichtbanken in Rechts- und Steuerfragen beraten, Bilanzen analysieren oder Auskünfte einholen. Die Frage, ob die kostenlosen Zugaben als Maßnahmen zu werten waren, die Habenzinsregelung zu umgehen, kann nicht eindeutig beantwortet werden; die zusätzlichen Leistungen sind ebenso als normale Wettbewerbs- und Präferenzmaßnahmen zu deuten, was mit Sicherheit anzunehmen ist, wenn kundennahe Zweigstellen gegründet wurden[31].

Nahmen Kreditinstitute auf eigene Initiative Gelder bei anderen Banken auf (Nostroverpflichtungen), handelten sie die Zinssätze frei aus[32]. Es lag nahe, Einlagen von Nichtbanken als Nostroverpflichtungen zu deklarieren. Offiziell traten Kreditinstitute oder Makler als Einleger auf, die Mittel wurden als Nostroverpflichtungen bilanziert und der Zinsertrag dem Geldgeber direkt oder über die Zwischenstationen vergütet[33].

Legal erhielten Nichtbanken für Einlagen, die sie Banken anboten, unbeschränkt hohe Zinssätze, wenn nach § 11, Abs. 3, Zinsverordnung 1965 ein schriftlicher Kreditvertrag abgeschlossen und der Kredit banküblich abgesichert war. Die Vorschrift ließ sich mißbrauchen, indem man Verträge anfertigte und Sicherheiten bereitstellte, die bei einer Kontrolle vorspiegelten, daß die Geschäfte gesetzeskonform getätigt waren[34].

---

28 Die Kreditinstitute mußten gemäß § 23, Abs. 2, Zinsverordnung 1965 einer solchen Anordnung unverzüglich nachkommen.

29 Vgl. M. Leyherr: Die Regelung der Habenzinsen in Deutschland, S. 135.

30 Ebenda, S. 136 f.

31 Vgl. W. Stützel: Bankpolitik heute und morgen, Frankfurt/M. 1964, S. 53 und E. Aust: Der Wettbewerb in der Bankwirtschaft, Frankfurt/M. 1963, S. 167.

32 § 11, Zinsverordnung 1965.

33 Vgl. M. Leyherr: Die Regelung der Habenzinsen in Deutschland, S. 137.

34 Ebenda, S. 137.

Die Initiative zur Umgehung der Habenzinsregelung ging auch von der Nichtbankenseite aus. Wollten private Unternehmungen überschüssige Liquidität mit maximalem Ertrag anlegen, fanden es aber zu umständlich, die Zinsverordnung daraufhin zu manipulieren, gaben sie ihre Mittel an andere Firmen zu ungebundenen Zinssätzen weiter: Diese als „Industrie-clearing“ bezeichneten Transaktionen entzogen den Kreditinstituten potentielle Einlagen. Das hatte zur Folge, daß die Institute versuchten, durch gleichfalls attraktive, also unzulässige Zinsangebote die Gelder an sich zu ziehen oder eine vermittelnde Position einzunehmen .

Mit der Zinsverordnung vom 1. März 1965 hatte sich das Bundesaufsichtsamt für das Kreditwesen bemüht, Verstöße gegen die Habenzinsregelung durch exakte Definitionen zu erschweren. Allerdings hätte es eines umfangreichen Kontrollapparates bedurft, um Übertretungen des Gesetzes zu erkennen und zu ahnden. Zudem waren die Rechtsgrundlagen für ein Eingreifen der Bankaufsichtsbehörden umstritten, so daß es nicht gelang, das Problem der „grauen“ Habenzinsen zu bewältigen[35].

IV. Zinsverordnung und Diskontpolitik

1. Interdependenz der Zinssätze am Bankenkredit-, Bankeneinlagen- und Kapitalmarkt

Die Zentralbank veränderte aufgrund der bis 1967 in Deutschland gültigen Zinsverordnung nur die Höhe der kurzfristigen Sollzinssätze im Verkehr zwischen Banken und Nichtbanken. Erhöhte oder senkte sie den Diskontsatz, folgten die Zinssätze für Kontokorrent-, Wechseldiskont- und Akzeptkredite in dem festgelegten Abstand. Neben diesem direkten Einfluß konnte die Zentralbank auch indirekt auf die Zinsgestaltung an anderen monetären Märkten einwirken.

Setzte die Notenbank den Diskontsatz, damit die Kreditzinsen der Banken herab, so verminderte sie deren Zinsspanne[36]. Den geringeren Zinseinnahmen standen gleichbleibende Zinsaufwendungen im Einlagengeschäft gegenüber. Die Kreditinstitute hatten die Wahl, die niedrigere Zinsspanne hinzunehmen oder die Habenzinsen zu senken. Die niedrigere Zinsspanne zu akzeptieren, hätte auf die Dauer die Rentabilität der Institute untergraben. Sie waren also gezwungen, die Konditionen für Termin- und Spareinlagen herabzusetzen. In der Praxis stimmten die Bankenverbände im Zentralen Kreditausschuß

---

[35] Vgl. E. Fessler: Von der Zinsbindung zur Zinsfreiheit, S. 4.

[36] Als Zinsspanne wird zunächst die Differenz zwischen Zinserträgen und Zinsaufwendungen der Kreditinstitute bezeichnet.

(bis 1. März 1965) oder gegenüber dem Bundesaufsichtsamt für das Kreditwesen (bis 1. April 1967) für eine Zinssenkung, die dann für alle Kreditinstitute verbindlich war. Eine Diskontsatzsenkung induzierte demnach eine gleichläufige Bewegung der Einlagenzinsen. Bei einer Diskontsatzerhöhung vergrößerte sich die Zinsspanne der Kreditinstitute. Die Institute waren bestrebt, von den höheren Zinseinnahmen im Aktivgeschäft zu profitieren und die Habenzinsen nicht oder nur unterproportional und mit zeitlicher Verzögerung der Änderung des Diskontsatzes anzupassen. Hier lag es an der Notenbank oder dem Bundesaufsichtsamt für das Kreditwesen eine Erhöhung der Einlagenzinsen gegenüber den Bankenverbänden durchzusetzen, so daß — wie es in der Praxis geschah — nach einer Anhebung des Diskontsatzes auch die Habenzinsen heraufgesetzt wurden.

Neben den Zinssätzen am Bankeneinlagenmarkt wurde der Kapitalmarktzins[37] von den Veränderungen der kurzfristigen Sollzinssätze erfaßt[38]. Nichtbanken steht es offen, sich bei langfristigem Kreditbedarf kurzfristig bei Banken oder am Kapitalmarkt, z. B. durch die Ausgabe von Obligationen zu verschulden. Nehmen Nichtbanken einen Kontokorrentkredit auf, vertrauen sie darauf, daß die Banken die Kredite solange prolongieren, bis diese durch längerfristige Mittel abgelöst werden. Auch bei schwankendem Kreditbedarf können Nichtbanken alternativ auf Kapitalmarktmittel oder kurzfristige Kredite zurückgreifen. Entscheidend für die Aufnahme von lang- oder kurzfristigem Kredit ist im wesentlichen, welche Zinskosten anfallen. Liegt der Kapitalmarktzins unter dem für Kontokorrentkredite, kann es für Nichtbanken erwägenswert sein, sich verstärkt langfristiger Mittel zu bedienen. Im umgekehrten Fall werden Nichtbanken eher kurzfristige Mittel nachfragen, auch um spekulativ Wertpapiere zu erwerben. Durch die erhöhte (geringere) Nachfrage nach Kapitalmarktmitteln und die gleichzeitig niedrigere (höhere) Nachfrage nach Kontokorrentkrediten entsteht eine Tendenz, daß sich der lang- und der kurzfristige Zinssatz einander annähern. Die Höhe des Kapitalmarktzinses schwankt demnach um die des Kontokorrentzinses. Köhler[39] nennt die Schwankungsbreite den „Relevanzbereich der Kapitalmarktzinsen".

Mit Hilfe der Zinsverordnung war die Notenbank in der Lage, vor allem den Zinssatz für Kontokorrentkredite nach ihrem Ermessen zu

---

[37] Unter Kapitalmarkt ist das Zusammentreffen von Angebot und Nachfrage nach langfristigen liquiden Mitteln zu verstehen. Ausführlich wird auf den Begriff eingegangen bei: L. Hübl: Bankenliquidität und Kapitalmarktzins, Berlin 1969, S. 20 ff.

[38] Vgl. zum folgenden Cl. Köhler: Geldwirtschaft, I. Band, Geldversorgung und Kreditpolitik, Berlin 1970, S. 172 ff.

[39] Cl. Köhler: Geldwirtschaft, I. Band, Geldversorgung und Kreditpolitik, S. 172.

verändern. Da die Höhe des Kontokorrentzinses den Relevanzbereich des langfristigen Zinssatzes absteckt, konnte die Zentralbank auch diesen Satz indirekt beeinflussen. Lag z. B. der Kapitalmarktzins unter dem für Kontokorrentkredite und senkte die Notenbank den Diskontsatz, so näherte sich der kurzfristige dem langfristigen Satz oder unterschritt ihn. Dadurch war es möglich, daß sich die Nachfrage nach Kontokorrentkrediten erhöhte, während sie bei Kapitalmarktmitteln zurückging. Als Folge begann der langfristige Zinssatz zu sinken, so daß die Notenbank mit der Diskontsenkung sofort den kurzfristigen und nach einer Reaktionszeit den langfristigen Sollzinssatz in der gleichen Richtung veränderte. Eine Erhöhung des Diskontsatzes und damit der Konditionen für Kontokorrentkredite nahmen Nichtbanken möglicherweise zum Anlaß, sich verstärkt langfristig zu verschulden, wodurch der Kapitalmarktzins ebenfalls zu steigen begann. Diese Parallelität der Zinsentwicklung wird auch von Banken gefördert, die vor der Wahl stehen, entweder Kontokorrentkredite zu geben oder Wertpapiere zu halten[40]. Erhöht die Notenbank administrativ den kurzfristigen Sollzinssatz, um einer steigenden Nachfrage von Nichtbanken nach Krediten entgegenzuwirken, so kann es für die Kreditinstitute rentabel sein, Wertpapiere zu verkaufen, um die erforderlichen Mittel zur Kreditgewährung bereitzustellen. Das zusätzliche Angebot von Wertpapieren läßt den Kapitalmarktzins parallel zu dem für kurzfristige Kredite steigen. Senkt die Notenbank die Konditionen für Kontokorrentkredite, so ist es möglich, daß über die zusätzliche Nachfrage der Banken nach Wertpapieren auch der langfristige Zinssatz fällt.

Für die Interdependenz der Zinssätze am Bankenkredit-, Bankeneinlagen- und Kapitalmarkt ist vor allem bedeutsam, daß sich eine Änderung des Diskontsatzes ohne Verzögerung und in vollem Umfang auf die Höhe der kurzfristigen Sollzinsen überträgt. Dies war bis 1967 durch die Zinsverordnung weitgehend gewährleistet.

2. Elastizität der Zinssätze bei Diskontsatzänderungen

a) Untersuchung für die Zeit vom 27. Mai 1949 bis 1. April 1967

Die nach 1945 weiter gültigen Bestimmungen des Zinsabkommens aus dem Jahre 1936 und die 1965 erlassene Zinsverordnung gaben feste Richtlinien, welche Zinssätze Kreditinstitute berechnen und vergüten durften. Für die Höhe der Sollzinsen sollte der Diskontsatz direkt, für die der Habenzinsen indirekt ausschlaggebend sein. Hier interessiert,

---

40 Vgl. dazu F. A. Lutz: Zinstheorie, 2. neu bearbeitete und stark erweiterte Auflage, Zürich und Tübingen 1967, S. 239 f.

wie sich die Veränderungen des Diskontsatzes auf die Marktzinssätze übertrugen.

Die folgende Untersuchung fußt auf Zinssätzen für

a) Kontokorrent- und Wechseldiskontkrediten
b) Spareinlagen mit gesetzlicher und 12- bis unter 48monatiger Kündigungsfrist[41]
c) Termingelder mit einer Laufzeit zwischen drei und sechs Monaten[42].

Als Maß für die Bindung der Zinssätze an den Diskontsatz wird ein Wirkungskoeffizient ε_z berechnet, der die Veränderung der Soll- und Habenzinssätze ($\Delta S, \Delta H$) zu der sie induzierenden Änderung des Diskontsatzes (ΔD) ins Verhältnis setzt:

$$\varepsilon_{ZS} = \frac{\Delta S}{\Delta D}, \text{ bzw. } \varepsilon_{ZH} = \frac{\Delta H}{\Delta D}$$

$\varepsilon_z = 0$ bedeutet keine Reaktion der Zinssätze (unelastisch). Ist $0 < \varepsilon_z \leq 1$ reagieren die Zinssätze in unterschiedlich starkem Maß auf Änderungen des Diskontsatzes (elastisch).

Die Ergebnisse seien kurz zusammengefaßt:

— Sollzinsen. Durch die Koppelung zwischen Diskontsatz und Sollzinsen verlaufen deren Veränderungen vom Tage der ersten Diskontänderung (27. März 1949) bis zum 1. April 1967 parallel. Diese Konformität zeitigt ein ε_{zs} von 1.

— Habenzinsen. ε_{zH} ist je nach der Anlagenkategorie unterschiedlich groß. Auch die Reaktionszeit (darunter soll die Zeit verstanden werden, die verstreicht, bis es zu einer Anpassung an die Bewegung des Diskontsatzes kommt) differiert. Für die Termineinlagen beträgt ε_z durchschnittlich 0,85 bei einer durchschnittlichen Verzögerung von 27 Tagen. In 5 Fällen ist $\varepsilon_z = 0$[43]. Für die Konditionen der Spareinlagen mit gesetzlicher Kündigung stellt sich das durchschnittliche ε_z auf 0,58 bei einer durchschnittlichen Reaktionszeit von 38 Tagen. In 16 Fällen bleibt eine Reaktion aus. Die Zinssätze für 12-Monats-Spareinlagen folgen Diskontveränderungen mit einem durchschnittlichen ε_z von 0,71. Im Durchschnitt vergehen 33 Tage, bis die Zinssätze geändert werden. In 11 Fällen ist $\varepsilon_z = 0$. Die Wirkungskoeffizienten und durchschnittlichen

[41] Ab 1. März 1965 Zinssätze für Spareinlagen mit gesetzlicher und 12- bis 30-monatiger Kündigungsfrist.

[42] Ab 1. Juni 1966 Zinssätze für Termingelder bis zu 1 Mill. DM und einer Laufzeit von drei bis sechs Monaten.

[43] Die Fälle, in denen es zu keiner Reaktion kommt ($\varepsilon_z = 0$), sind in der Durchschnittsrechnung nicht berücksichtigt.

Tabelle 1: **Wirkungskoeffizient ε_z und durchschnittliche Verzögerung bei Diskontänderungen von Habenzinssätzen zwischen 1949 und 1967**

Wirkungskoeffizient / Einlagenkategorie	Elastisch: $0 < \varepsilon_z \leq 1$				Unelastisch: $\varepsilon_z = 0$	
	Anzahl der Fälle		Durchschnittl. ε_z	Durchschnittl. Verzögerung (Tg.)	Anzahl der Fälle	
	absolut	in v.H. aller Diskontänderungen			absolut	in v.H. aller Diskontänderungen
Termineinlagen mit 3—6 monatiger Kündigung	23	82	0,82	27	5	18
Spareinlagen gesetzliche Kündigung	12	43	0,58	38	16	57
Spareinlagen 12monatige Kündigung	17	61	0,71	33	11	39

Quelle: Berechnet auf der Grundlage der Monatsberichte der Deutschen Bundesbank.

Verzögerungen für die Einlagenkategorien sind in Tabelle 1 zusammengestellt.

Aus den Ergebnissen ist die Frage nach der Durchschlagskraft der Diskontpolitik auf die Marktzinssätze zu beantworten:

1. Die Zinssätze für Kontokorrent- und Wechseldiskontkredite veränderte die Zentralbank direkt und ohne zeitliche Verzögerung. Bei Kreditverträgen ohne Zinsgleitklauseln kann man unterstellen, daß am Tage der Diskontbewegung Banken oder Nichtbanken darauf bestanden, die Konditionen zumindest partiell anzupassen, so daß ε_{zs} zwar unter Umständen auf Werte unter 1 zurückgeht, es jedoch zu einer Reaktion mit nur geringer zeitlicher Verzögerung kam[44].
2. Habenzinssätze. Die Konditionen für Einlagen reagierten auf Veränderungen des Diskontsatzes wesentlich weniger elastisch als die Zinssätze für Kredite. Das liegt daran, daß die Einlagenzinsen nicht in einer festen Relation an den Diskontsatz gekoppelt waren. Auch zwischen den Einlagenkategorien bestanden Unterschiede in der Reagibilität auf Diskontsatzänderungen. Die Zinssätze für Termineinlagen folgten diesen Änderungen elastischer, mit geringerer Verzögerung und häufiger als die Konditionen für Spareinlagen. Bei den Spareinlagen war es der längerfristige Zinssatz, der sich mehr an den Bewegungen der Bankrate orientierte als der mit gesetzlicher Kündigung. Im Vergleich der Konditionen für Termineinlagen und Spareinlagen mit gesetzlicher Kündigungsfrist zeigt sich der Unterschied in der Reagibilität besonders deutlich: Die Differenz zwischen den durchschnittlichen Wirkungskoeffizienten beträgt 0,27, unelastische Fälle treten dreimal häufiger bei Spareinlagen auf und die durchschnittliche Reaktionszeit der Zinssätze für Termineinlagen liegt rund 40 v.H. unter der für Spareinlagen.

b) *Beurteilung und Alternative*

Die Koppelung der Sollzinssätze an die Bankrate war nach den Ergebnissen des vorigen Abschnitts geeignet, die zinspolitischen Vorstellungen der Notenbank zumindest im Massengeschäft durchzusetzen. Bedenken gegen die Sollzinsregelung wurden aus der Überlegung abgeleitet, daß Kreditinstitute marktmächtigen Nichtbanken bei einer restriktiven Kreditpolitik[45] der Zentralbank Minderkonditionen einräumen konn-

[44] Kreditverträge ohne Diskontgleitklausel sollen nach Informationen aus Bankenkreisen vor 1967 nur selten abgeschlossen worden sein, so daß ihre Bedeutung vernachlässigt werden kann. Vgl. dazu auch H. J. Krümmel: Bankzinsen, S. 256.

[45] Auf die Zinspolitik als Mittel der Kreditpolitik wird noch eingegangen (Punkt C I).

ten[46], z. B. durch eine Zinsrückvergütung bis auf weiteres. Damit wäre das sofortige Durchschlagen einer Diskontsatzerhöhung gefährdet. Um hier der Zinspolitik mehr Nachdruck zu verleihen, ließe sich ein Systemwechsel diskutieren. Will die Zentralbank restriktiv in das Wirtschaftsgeschehen eingreifen, verlangt sie von den Kreditinstituten, die nach der Zinsverordnung zulässigen maximalen Sollzinssätze als Mindestkonditionen zu betrachten; beabsichtigt die Notenbank eine Zinssenkung einzuleiten, verkehrt sie das System in ein solches von Höchstsätzen. Die restriktive Zinspolitik erfaßt damit auch marktmächtige Nichtbanken und erlaubt es den Kreditinstituten, risikoreiche Kredite überproportional zu verteuern. Bei einer auf Expansion gerichteten Politik läge es im Ermessen der Kreditgeber, die offiziell erlaubten Sätze zu unterschreiten, um Nichtbanken anzuregen, sich zusätzlich zu verschulden.

Das kombinierte System Höchst-/Mindestzinssätze unterstützt nach Meinung des Wissenschaftlichen Beirats die Zinspolitik der Zentralbank wirkungsvoller als die vor 1967 gültige Regelung[47]. Es müßte verordnet werden, daß bei jeder Diskontsenkung die an die Bankrate gebundenen Sollzinssätze der Banken als Höchstsätze zu betrachten sind und umgekehrt. Nach jeder Diskontsatzsenkung bzw. -erhöhung würden sich die Sollzinssätze überproportional verändern. Es ist z. B. denkbar, daß bei einem Diskontsatz von 3 % ein Sollzinssatz Z existiert, der sich gemäß einer gültigen Höchstzinsregelung auf maximal „Diskontsatz plus 3 % ($Z = 6$ %)“ stellt. Dies möge für Nichtbanken mit Verhandlungsmacht ein Z von 4 % (Diskontsatz plus 1 %) bedeuten, während Nichtbanken ohne Verhandlungsmacht das maximale Z von 6 % zu tragen haben (Diskontsatz plus 3 %). Nun wird auf ein kombiniertes System Mindest-/Höchstzinssätze übergegangen. Die Zentralbank erhöht danach den Diskontsatz um 1 % auf 4 %. Die allen Nichtbanken gegenüber wirksamen Zinssätze haben sich automatisch in Mindestsätze umzuwandeln. Nichtbanken mit Verhandlungsmacht müssen statt bisher 4 %, jetzt 7 % aufwenden. Soll die Relation zwischen Normal- und Minderkonditionen erhalten bleiben, wird der Satz, den die anderen Nichtbanken zu entrichten haben, auf 9 % steigen. Vermindert die Zentralbank später den Diskontsatz wieder auf 3 %, verlangen potente Kunden mit Sicherheit, in den alten Zustand zurückversetzt zu werden ($Z = 4$ %); auch den übrigen Kunden werden die Kreditinstitute

---

46 Vgl. zum folgenden: Stellungnahme des Wissenschaftlichen Beirats beim Bundesministerium für Wirtschaft: Fragen staatlicher Zinsregulierung, in: Bulletin des Presse- und Informationsamtes der Bundesregierung, Bonn, Nr. 91, 12. Juni 1966, zitiert als „Stellungnahme des Wissenschaftlichen Beirats“.

47 Stellungnahme des Wissenschaftlichen Beirats, Textziffer 7.

Zinsminderungen von 3 % zugestehen. Es kommt also bei Diskontänderungen von 1 % zu Sollzinsbewegungen von 3 %.

Als Ergebnis der Würdigung des Systems Mindestzins-/Höchstzinssätze stellt der Beirat fest: „Ein solches Umschalten dürfte keineswegs praktikabel sein[48].“ Für die Kreditnehmer werden Diskontänderungen derartig wechselnde Zinskosten hervorrufen, daß z. B. eine exakte Kalkulation erheblich erschwert wäre. Aus der Sicht der Zentralbank trägt das kombinierte System dazu bei, Zinsveränderungen noch wirkungsvoller als bei gebundenen Zinssätzen und Höchstzinsvorschriften am Markt durchzusetzen. Allerdings führen beim Übergang von Höchst- auf Mindestzinssätze und umgekehrt schon Diskontänderungen von 0,25 % zu Sollzinsbewegungen, die der Notenbank möglicherweise unerwünscht sind, wenn sie nur vorsichtig dämpfend oder anregend in das Wirtschaftsgeschehen eingreifen will. Insgesamt scheint das kombinierte System keine Alternative darzustellen, weder zu der Höchstzinsregelung, wie sie bis 1967 gehandhabt wurde, noch zu der völligen Freigabe der Sollzinsen.

Für die Habenzinssätze zeigt die Untersuchung des vorherigen Abschnitts, daß die verzögerte und unterproportionale Anpassung an die Entwicklung des Diskontsatzes bis 1967 eine effiziente Zinspolitik erschwerte.

Als Alternative zu den Vorschriften der Habenzinsregelung sind denkbar:

1. Nach dem Vorbild der Sollzinsregelung sind die Habenzinssätze — vor allem der Satz für Spareinlagen mit gesetzlicher Kündigungsfrist — an den Diskontsatz der Zentralbank zu koppeln[49].
2. Mit einer Diskontänderung verlieren die Habenzinssätze automatisch ihre Gültigkeit[50].
3. Wie unter 2., nur sind die Sätze „in einer angemessenen Frist an die Wirtschaftslage anzupassen“[51].

Im ersten Fall bestimmt die Notenbank mit der Veränderung des Diskontsatzes, wann und in welchem Umfang die Einlagenzinsen zu modifizieren sind. Die Kreditinstitute können es sich bei einer Höchstzinsregelung normalerweise aus Konkurrenzgründen nicht leisten, geringere als die maximal zulässigen Zinsen zu vergüten, so daß bei einer Zinserhöhung — im Gegensatz zu den Höchstzinsvorschriften

[48] Stellungnahme des Wissenschaftlichen Beirats, Textziffer 7.

[49] Vgl. Cl. Köhler: Die Kreditpolitik lockert die Bremsen, in: Wirtschaftswissenschaftliches Institut, Mitteilungen, März 1967, S. 65.

[50] Vgl. Stellungnahme des Wissenschaftlichen Beirats, Textziffer 9.

[51] Stellungnahme des Wissenschaftlichen Beirats, Textziffer 8, Minderheitsvotum.

bei den Sollzinsen — Minderkonditionen kaum vorkommen werden. Um die Zinsspanne zu halten, sind die Institute eher gezwungen, Minderkonditionen bei den Sollzinssätzen abzubauen. Dieser Effekt würde eine restriktive Sollzinserhöhung der Zentralbank unterstützen.

Gegen eine Koppelung der Habenzinsen wenden Kreditinstitute ein, daß bei häufiger Variation des Diskontsatzes eine untragbare Arbeitsmehrbelastung entstehe, eine längerfristige Kalkulation bei der Kreditvergabe erschwert und das Vertrauen der Nichtbanken besonders in die Spareinlage durch diskontinuierliche Zinsbewegungen erschüttert werde[52]. Die Argumente sind zwar aus der Sicht der Banken verständlich, diskontgebundene Habenzinsen würden aber das Passivgebaren der Kreditinstitute mehr dem Einfluß der Zentralbank unterstellen als dies bis 1967 der Fall war.

Werden die Habenzinsen — wie unter 2. vorgeschlagen — nach einer Diskontänderung automatisch außer Kraft gesetzt, kann sich die Reaktionszeit — gegenüber der vor 1967 bestehenden Regelung — verringern, da der gleichsam vertragslose Zustand zwischen Kreditinstituten und Einlegern ein schnelleres Handeln erfordert. Unsicher bleibt, ob die Sätze überhaupt und in welchem Umfang neu festgesetzt werden. Es ist denkbar, daß die Banken zwar umgehend reagieren, es aber bei der früheren Zinshöhe belassen oder nur unterproportional nachziehen. Die Durchschlagskraft der Zinspolitik verbessert sich dadurch kaum.

Noch weniger Erfolg verspricht es, den dritten Vorschlag zu verwirklichen. Aus der Sicht der Zentralbank weist er die Nachteile der sofortigen Aufhebung aller gültigen Einlagensätze auf (Fall 2), baut aber zusätzlich eine Reaktionszeit ein.

Als Alternative zu der bis zum 31. März 1967 gültigen Habenzinsregelung wäre — neben der völligen Freigabe der Zinssätze — demnach nur der Vorschlag Köhlers zu betrachten, die Habenzinsen an den Diskontsatz zu koppeln[53].

---

[52] Vgl. u. a. Jahresbericht des deutschen Sparkassen- und Giroverbandes e.V. 1957, S. 39.

[53] Kurz vor der Zinsfreigabe haben Kreditinstitute Passivzinssätze an den Diskontsatz gebunden — allerdings nur für Millionen-Termineinlagen. Vgl. Diskontklausel bei Dreimonatsgeldern, in: Frankfurter Allgemeine Zeitung, Nr. 279, 24. November 1966.

B. Entwicklung und Struktur verschiedener Zinssätze vor und nach der Aufhebung der Zinsverordnung

I. Vorbemerkung

Es ist hier auf die Quellen einzugehen, die der Untersuchung zugrundeliegen. Einzeldaten werden den Veröffentlichungen des Kreditgewerbes entnommen und Informationen aus dem Bereich der Kreditbanken und Sparkassen verwendet[1]. Ein Bankenverband hat die Ergebnisse seiner internen Zinserhebung für die Zeit nach der Zinsfreigabe zur Verfügung gestellt und Zinssätze aus den Jahren 1965 bis 1967 genannt. Die Zinserhebung bezieht sich auf die Verhältnisse innerhalb dieses Bankenverbandes und läßt nur begrenzt Rückschlüsse auf die Zinsentwicklung im gesamten Bankenapparat zu, da trotz universalbankmäßigen Charakters bestimmte Schwerpunkte in der Geschäftstätigkeit der angeschlossenen Kreditinstitute zu finden sind.

Als Hauptquelle für die Zinsentwicklung dienen die Monatsberichte der Deutschen Bundesbank. Es wurden ab 1949 bis zum 1. April 1967 die für alle Kreditinstitute gültigen Höchstzinssätze mit Veränderungsdaten veröffentlicht, ohne daß die Sätze nach der Höhe der Kredite bzw. Einlagen gestaffelt waren. Die nach der Zinsfreigabe von Oktober 1967 an publizierte Zinsstatistik weicht davon in mehrfacher Hinsicht ab[2]:

1. Die Statistik geht zurück auf eine Teilerhebung bei 423 Kreditinstituten (Juni 1967), ab Oktober 1967 bei 475 Instituten.
2. Die Bundesbank nimmt die Erhebung jeweils in einem Abstand von drei Monaten vor. Als Erhebungszeitraum gelten die beiden mittleren Wochen des betreffenden Monats. Ein genaues Datum für eingetretene Zinsänderungen läßt sich dadurch nicht angeben.
3. Die von der Bundesbank ermittelten Zinssätze beziehen sich fast nur auf das Massengeschäft der Kreditinstitute.
4. Um einen eindeutigen Durchschnittszins in einer Kredit- oder Einlagenkategorie zu erhalten, wäre es notwendig, die von den Banken gemeldeten Zinssätze mit den dazu gehörigen Volumina zu gewich-

---

[1] Die Erlaubnis, die Informationen zu verarbeiten, ist an die Zusage des Verfassers geknüpft, keine weitergehenden Quellenangaben zu machen.

[2] Vgl. Monatsberichte der Deutschen Bundesbank, **Oktober 1967, S. 50 f.**

ten. Da hierfür die statistischen Unterlagen fehlen, können die Zinssätze nur mit der prozentualen Häufigkeit der Kreditinstitute, die den gleichen Satz anwenden, gewichtet werden.

5. Die Bundesbank verlangt von den Banken, nur Zinssätze zu melden, die am häufigsten berechnet bzw. vergütet werden. Es ist nicht erwünscht, daß Banken fiktive Sätze angeben.

II. Partielle Zinsfreigabe langfristiger und „großer“ Einlagen[3]

Bis zum 1. März 1965 unterlagen alle Einlagen mit einer Laufzeit bis zu vier Jahren der Zinsreglementierung. Durch die erste partielle Zinsfreigabe am 1. März 1965 verkürzte sich diese Frist auf 2 1/2 Jahre. Mit der zweiten Teilfreigabe am 1. Juli 1966 entfiel die Zinsbindung für Einlagen über 1 Mill. DM bei mehr als dreimonatiger Laufzeit (Millioneneinlagen).

Zur Freigabe der Einlagen mit einer Kündigungsfrist von über 2 1/2 Jahren erklärt die Bundesbank, der Spielraum, „in dem sich ein echter Wettbewerb der Kreditinstitute um die Einlagen entfalten kann“, sei erweitert worden; die inkonsequente Regelung, für Termineinlagen mit einer Laufzeit bis zu einem Jahr zwar differenzierte Zinssätze zuzulassen, aber nur einen einheitlichen Satz für Einlagen mit einer Bindungsfrist zwischen 12 und 48 Monaten vorzuschreiben, sei entfallen[4]; die Kreditinstitute könnten jetzt im Aktivgeschäft längerfristig disponieren, da Nichtbanken ein zinsmäßiger Anreiz geboten werde, ihre Mittel von vornherein auf lange Sicht festzulegen[5].

Die Freigabe der Millioneneinlagen wertet die Bundesbank als Mittel, Umgehungsversuche der Habenzinsregelung zu legalisieren, da bei Großbeträgen in hohem Maße „graue“ Habenzinsen vergütet worden seien[6].

Um die Auswirkungen der ersten partiellen Zinsfreigabe zunächst gesondert zu betrachten, werden die Zuwachsraten von Sicht-, Termin- und Spareinlagen für die Zeit vom 1. Januar 1964 bis 1. Juli 1966, dem Zeitpunkt der Freigabe der Millioneneinlagen, gegenübergestellt (Tabelle 2).

---

[3] Vgl. zum folgenden: Monatsberichte der Deutschen Bundesbank, März 1967, S. 3 ff.

[4] Vgl. auch: Bewährung der Banken-Liquiditätspolitik unter dem Kreditwesengesetz, Ansprache von H. Kalkstein vor der Jahresversammlung des Deutschen Genossenschaftsverbandes, Baden-Baden 1965, in: Börsen-Zeitung, Nr. 228, 26. November 1965.

[5] Vgl. Monatsberichte der Deutschen Bundesbank, März 1965, S. 6.

[6] Vgl. Monatsberichte der Deutschen Bundesbank, März 1967, S. 3.

Tabelle 2: **Veränderung des Volumens von Einlagenkategorien zwischen dem 1. Januar 1964 und dem 1. Juli 1966** (jeweils gegenüber dem vorhergehenden Quartal)

Einlagenkategorien / Zeitpunkt	Sichteinlagen		Spareinlagen		Termineinlagen											
					gesamt		1—3 Mon.		3—6 Mon.		6—12 Mon.		über 12 Mon.[a]		über 30 Mon.[b]	
	Mrd. DM	v.H.	Mrd. DM	v.H.	Mrd. DM	v.H.	Mrd. DM	v.H.	Mrd. DM	v.H.	Mrd. DM	v.H.	Mrd. DM	v.H.	Mrd. DM	v.H.
I/1964	3,9	-9,0	3,7	4,5	-0,3	-1,2	-1,0	-21,3	0,7	16,3	-0,2	-4,1	0,2	1,8	—	—
II/1964	2,5	6,3	1,9	2,2	0,4	1,6	0,2	5,4	-0,5	-10,0	0,4	8,5	0,3	2,7	—	—
III/1964	0,1	0,2	2,1	2,4	-0,1	-0,4	-0,2	-5,1	0,1	2,2	-0,1	-2,0	-0,1	-0,9	—	—
IV/1964	4,3	10,2	5,0	5,6	1,1	4,4	1,6	43,2	-0,2	-4,3	-0,3	-6,0	0	0	—	—
I/1965	-3,6	-7,8	4,8	5,1	-0,1	-0,4	-1,4	-26,4	0,5	11,4	0	0	0,8	7,0	—	—
II/1965	3,2	7,3	3,8	3,0	-0,2	-0,8	0,4	10,3	-0,9	-18,4	0,2	4,4	-1,4	-11,4	0,4[c]	36,4
III/1965	-0,1	-0,2	2,4	2,3	-1,0	-3,9	-0,4	-9,3	0,1	2,5	-0,7	-14,3	-0,5	-4,6	0,5	33,3
IV/1965	4,3	9,4	6,3	6,0	2,0	8,1	1,3	33,3	0,4	9,8	-0,2	-4,8	-0,1	-1,0	0.6	30,0
I/1966	-4,8	-9,6	3,7	3,3	0,1	0,4	-1,0	-19,2	0,6	13,3	0,8	20,0	-0,8	-7,8	0,5	19,2
II/1966	2,9	6,4	2,6	2,3	0,6	2 2	0,7	16,7	-0,5	-9,8	0,8	16,7	-0,8	-8,4	0,4	12,9

a) Ab 1. März 1965: 12—30 Monate. — b) Ab 1. März 1965 statistisch erfaßt. — c) Stand Ende April 1965: 1,1 Mrd. DM.
Quelle: Berechnet auf der Grundlage der Monatsberichte der Deutschen Bundesbank.

Schaubild 1: Veränderung des Volumens der Termineinlagen gegenüber der anderer Einlagearten zwischen dem 1. Januar 1965 und dem 1. April 1967
— Berechnet auf der Basis der Bestände am Jahresende —

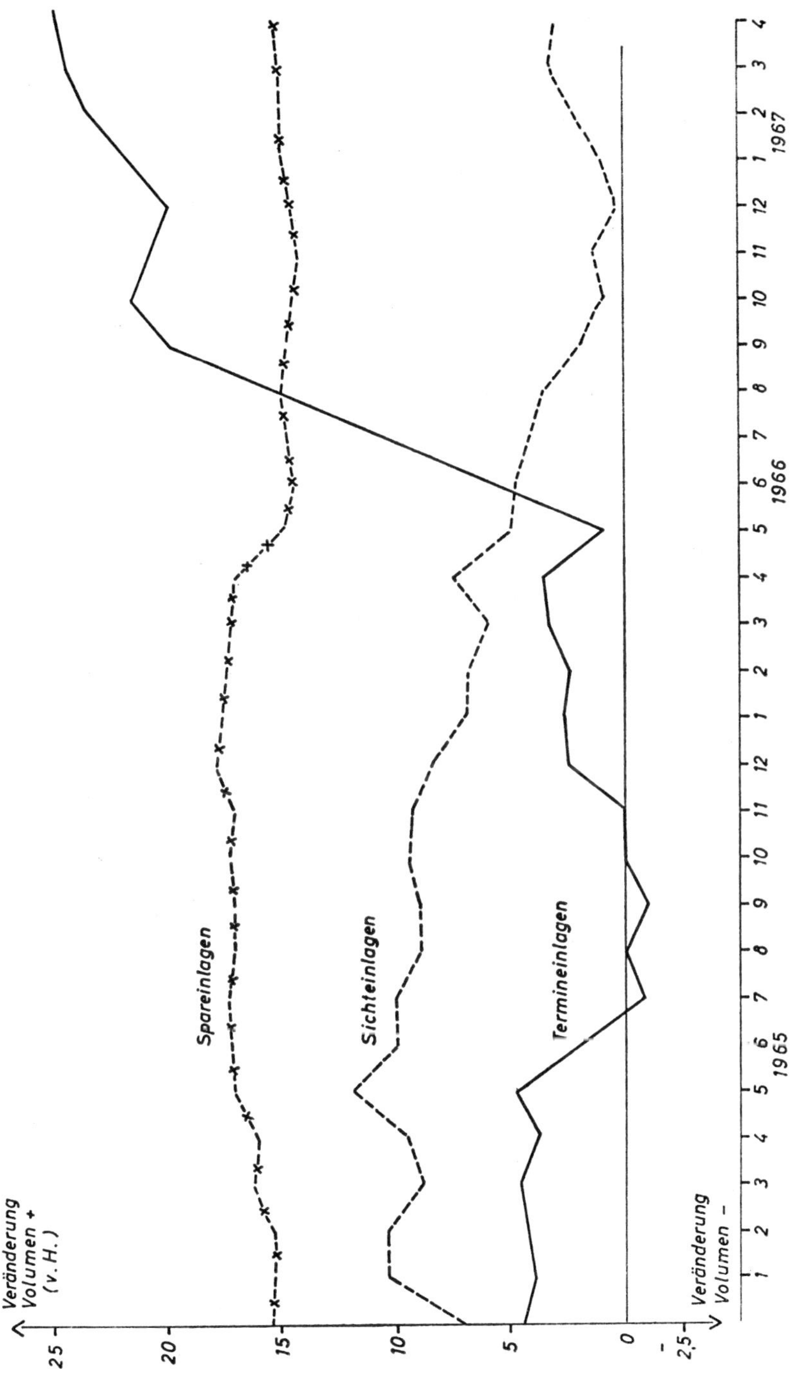

Quelle: Monatsberichte der Deutschen Bundesbank, März 1967, S. 5.

An der volumenmäßigen Entwicklung der Sicht- und Spareinlagen hat die 1. partielle Zinsfreigabe im wesentlichen nichts geändert: Die vierteljährlichen Zuwachsraten der beiden Einlagenkategorien schwankten zwischen März 1965 und Juli 1966 in Größenordnungen, wie sie auch in der Vergleichsperiode (II. Quartal 1964 bis II. Quartal 1965) zu beobachten waren. Bei den Termineinlagen wurden innerhalb der Fristigkeitsstruktur Mittel umgeschichtet. Vor allem betraf dies Einlagen mit einer Laufzeit von mehr als einem Jahr. Während die Kategorie „Über 12 Monate" bis zum 1. März 1965 vorwiegend positive Zuwachsraten aufwies, bewirkte die erste partielle Zinsliberalisierung, daß sich das Vorzeichen umkehrte und die Zuwachsraten der „freien" Termineinlagen (über 30 Monate Bindungszeit) deutlich zunahmen. Bis zur 2. Teilliberalisierung blieb die Tendenz erhalten.

Insgesamt erfaßte die erste Lockerung der Zinsverordnung nur die Termineinlagen und zwar nur die längerfristigen Einlagen, ließ aber das übrige Passivgeschäft der Banken unberührt.

Die zweite partielle Zinsfreigabe tangierte dann das gesamte Einlagengeschäft der Kreditinstitute, wie sich aus den Änderungsraten der Einlagenvolumina (Schaubild 1) ablesen läßt. Die gesamten Termineinlagen erhöhten sich vom 1. Juli 1966 bis zum 1. April 1967 absolut um 5,9 Mrd. DM (Spareinlagen + 14,3 Mrd. DM, Sichteinlagen ./. 1,8 Mrd. DM), während sie im Vergleichszeitraum der Vorperiode, vom 1. Juni 1965 bis 1. April 1966, nur um 1,1 Mrd. DM (Spareinlagen + 12,4 Mrd. DM, Sichteinlagen ./. 0,6 Mrd. DM) zugenommen hatten[7]. Diese absoluten und die prozentualen (Schaubild 1) Änderungsraten lassen zweierlei erkennen:

1. Nach der Zinsfreigabe für Millioneneinlagen lag die Zuwachsrate der Termineinlagen deutlich über der Zuwachsrate bei Spareinlagen, während Sichteinlagen „weit weniger wuchsen, als es der Saisontendenz entsprochen hätte"[8]. Es ist zu vermuten, daß dieser geringere Zuwachs mit Umbuchungen von Sicht- auf Terminkonten zusammenhängt, da die Nichtbanken, insbesondere private Unternehmen, öffentliche Haushalte und Kapitalsammelstellen ihre Geldhaltung ökonomisierten, d. h. verstärkt liquide Mittel als kurzfristige Termingelder anlegten. Der Grund dafür liegt in der vergrößerten Zinsdifferenz zwischen Sicht- und Termineinlagen:

---

[7] Die Zunahme der Termineinlagen zwischen Juli 1966 und Anfang 1967 ist nach Ansicht der Deutschen Bundesbank teilweise dadurch zu erklären, daß private Unternehmen stärker als in vergleichbaren früheren Perioden finanzielle Reserven in Form von Termineinlagen bildeten und Sozialversicherungsträger ihre Mittel mehr in Termingeldern als in Wertpapieren anlegten. Vgl. Monatsberichte der Deutschen Bundesbank, März 1967, S. 5.

[8] Monatsberichte der Deutschen Bundesbank, März 1967, S. 4.

Zinssatz	Für Termin-einlagen über 1 Mill. DM auf 3—6 Monate	Für Sichteinlagen	Zinsdifferenz
Zeitraum			
1. Halbjahr 1966	3,5 %	0,5 %	3 %
2. Halbjahr 1966	6—7 %[a)]	0,5 %	5,5—6,5 %

a) Nach den Angaben der Deutschen Bundesbank vergüteten Kreditinstitute im Herbst 1966 bis zu 7 % Zinsen und teilweise noch höhere Sätze. Vgl. Monatsberichte der Deutschen Bundesbank, März 1967, S. 5. Informationen eines Bankenverbandes lauten auf 6—6,5 %.

Während im 1. Halbjahr 1966 die Differenz zwischen dem Zinssatz für Sichteinlagen und dem erlaubten Höchstsatz für Termineinlagen 3 % betrug, stieg die Differenz im 2. Halbjahr 1966 auf rund 6 %. Einleger, die zunächst aus Gründen der Zahlungsbereitschaft einen Teil ihrer Mittel auf Sichtkonten belassen hatten, sahen sich veranlaßt, teilweise umzudisponieren. Die ab Juli 1966 legal zu erzielenden zusätzlichen Zinserträge dürften Nichtbanken auch bewogen haben, Teilbeträge zu einer Summe von über 1 Mill. DM zusammenzufassen.

2. Innerhalb der verschiedenen Bindungsfristen bei Termineinlagen brachte die zweite partielle Zinsfreigabe „zinsinduzierte Umschichtungen" (Bundesbank). Auf der Basis des Bestandes am Ende des 1. Halbjahres 1966 ging das Volumen der Kategorien „1—3 Monate" um 0,3 Mrd. DM (./. 6,2 v.H.) und „12—30 Monate" um 1,0 Mrd. DM (./. 11,5 v.H.) zurück, während sich das Volumen der Laufzeitgruppe „3—6 Monate" um 5,6 Mrd. DM (+ 113,0 v.H.) erhöhte (Stand Ende Dezember 1966). Nichtbanken haben also Mittel aus jenen Fristigkeiten abgezogen, um sie auf 3—6 Monate festzulegen; es lag ihnen offensichtlich daran, aus dem zinsgebundenen Bereich herauszukommen[9] und die Bindungsfrist bei geringerem Zinsverlust zu verkürzen[10].

Die partiellen Zinsfreigaben trugen bis zur Aufhebung der gesamten Zinsverordnung dazu bei, die Struktur der Gesamtbankeinlagen und die der Termineinlagen zu verändern: Das Volumen der Termineinlagen nahm relativ zu dem der übrigen Einlagearten zu, ebenso wuchs das Volumen der „freien" Termineinlagen gegenüber dem der gebundenen. Die 2. partielle Zinsfreigabe bewirkte, daß die Millionen-Termineinlagen nahezu doppelt so hoch verzinst wurden wie Einlagen unter der Millionengrenze, was auf den Wettbewerb innerhalb des Banken-

[9] Im zweiten Halbjahr 1966 betrug die Zinsdifferenz zwischen Termineinlagen mit 1—3 und 3—6monatiger Laufzeit rund 4 % (erlaubter Höchstsatz Termineinlagen 1—3 Monate: 3 %, Zinssatz für Termineinlagen über 1 Mill. DM und 3—6monatiger Laufzeit: ca. 7 %).

[10] Die Zinsdifferenz zwischen Termineinlagen mit 3—6 und 12—30monatiger Laufzeit soll weniger als ½ % ausgemacht haben. Quelle: Informationen eines Bankenverbandes.

apparates um derartige Einlagen und die ausgeprägte Zinsreagibilität des zahlenmäßig kleinen Einlegerkreises zurückzuführen ist.

III. Generelle Zinsfreigabe

1. Zinssätze im Massengeschäft

a) Sollzinssätze

Von den Sollzinssätzen im Massengeschäft werden die Durchschnittskonditionen[11] betrachtet für

1. Kontokorrentkredite unter 1 Mill. DM
2. Wechseldiskontkredite (bundesbankfähige Abschnitte zwischen 5000,— DM und 20 000,— DM)
3. Hypothekarkredite (Effektivsätze).

Die errechneten Werte vermitteln einen Eindruck von der Entwicklung des Zinsniveaus in den einzelnen Kategorien seit der Aufhebung der Zinsverordnung:

Zinssätze für	Kontokorrent-kredite (%, p. a.)	Wechsel-kredite (%, p. a.)	Hypothekar-kredite (%, p. a.)
1967			
Juni	**7,72**	**5,35**	**7,23**
September	**7,64**	**5,23**	**7,14**
Dezember	**7,62**	**5,16**	**7,13**
1968			
März	**7,60**	**5,14**	**7,13**
Juni	**7,58**	**5,09**	**7,05**
September	**7,56**	**4,95**	**6,97**
November	**7,52**	**4,87**	**6,91**
1969			
Februar	**7,51**	**4,88**	**6,88**
Mai	**8,00**	**5,78**	**6,97**
August	**8,93**	**6,77**	**7,36**
November	**9,60**	**7,62**	**7,46**
1970			
Februar	**10,15**	**8,41**	**8,05**
Mai	**11,54**	**9,80**	**8,64**
August	**11,39**	**9,44**	**8,76**

[11] Zur Berechnungsmethode: Die Zinssätze werden dem Statistischen Anhang der Monatsberichte der Deutschen Bundesbank, V, 6 entnommen. In der Statistik sind Zinsklassen angegeben (z. B. 6,75 % bis 7,25 %), die auf einen Mittelwert reduziert werden (7 %). Da eine Gewichtung mit den Volumina nicht möglich ist, werden diese Mittelwerte mit ihrer prozentualen Häufigkeit multipliziert, die daraus gewonnenen Verhältniszahlen addiert und durch die Summe der Häufigkeiten dividiert. Das Ergebnis stellt den Durchschnittszinssatz dar. Die Berechnung gilt auch für den folgenden Abschnitt.

Schaubild 2: Häufigkeitsverteilung der Sollzinssätze

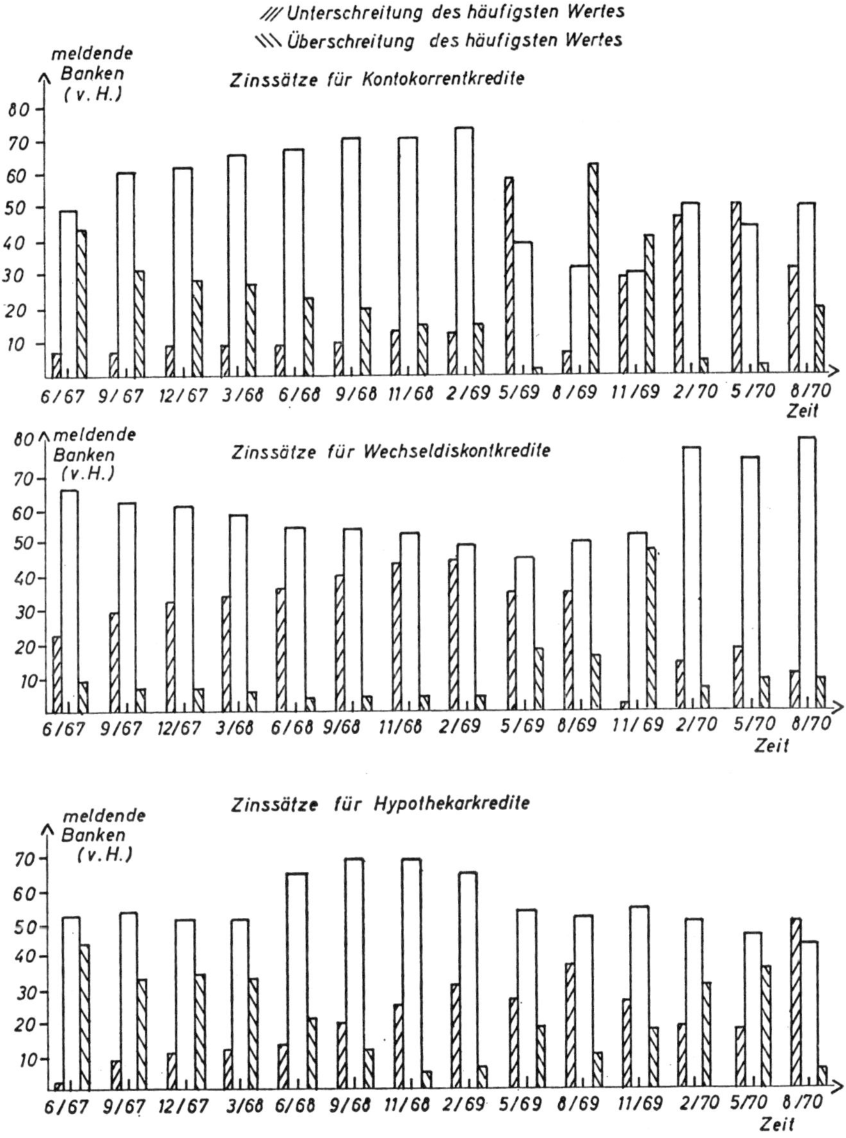

Quelle: Monatsberichte der Deutschen Bundesbank.

Die strukturelle Entwicklung der Sollzinssätze läßt sich aus der Häufigkeitsverteilung ablesen. Es wird jeweils von einem häufigsten Zinssatz[12] ausgegangen und festgestellt, wie groß der Anteil der Kreditinstitute ist, die einen höheren bzw. niedrigeren Satz forderten (Schaubild 2).

Häufigster Zinssatz mit Häufigkeitsziffern

	Kontokorrent-kredite		Wechseldiskont-kredite		Hypothekar-kredite	
	%	v.H.	%	v.H.	%	v.H.
1967						
Juni	7,5	50,1	5,0— 6,0	67,6	7,0	50,2
September	7,5	62,9	5,0— 6,0	62,4	7,0	55,5
Dezember	7,5	64,9	5,0— 6,0	61,0	7,0	52,9
1968						
März	7,5	67,0	5,0— 6,0	59,9	7,0	52,8
Juni	7,5	68,0	5,0— 6,0	56,5	7,0	61,3
September	7,5	70,5	5,0— 6,0	54,3	7,0	67,5
November	7,5	72,7	5,0— 6,0	53,0	7,0	68,5
1969						
Februar	7,5	73,8	5,0— 6,0	50,4	7,0	62,5
Mai	8,5	39,8	5,5— 6,5	45,0	7,0	54,3
August	8,5	32,0	6,5— 7,5	50,2	7,5	52,1
November	9,5	30,0	6,5— 7,5	51,9	7,5	54,1
1970						
Februar	10,5	50,0	8,0— 9,0	77,5	8,0	50,9
Mai	12,0	48,7	9,5—10,5	76,5	8,5	45,8
August	11,5	49,1	9,0—10,0	80,3	9,0	42,6

Von Juni 1967 bis Februar 1969 haben sich die durchschnittlichen Sollzinssätze leicht ermäßigt, bei Kontokorrentkrediten um 0,21 %[13]), bei Hypothekarkrediten um 0,35 % und Wechseldiskontkredite um 0,47 %. Die Häufigkeitsverteilungen bestätigen diesen Trend, da bei Kontokorrent- und Hypothekarkrediten die häufigsten und die darunter liegenden Zinssätze relativ zu den über dem häufigsten Satz liegenden zunahmen. Bei Wechseldiskontkrediten nimmt zwar der Prozentsatz der Kreditinstitute ab, die den häufigsten Satz anwenden, doch steigt die Zahl der Unterschreitungen relativ zu der von Überschreitungen.

Von Mai 1969 bis Mai 1970 erhöhte sich das Zinsniveau bei allen Sollzinskategorien beträchtlich. Im Mai 1970 erreichte das Niveau bei

[12] Das ist der Zinssatz, den die meisten der von der Deutschen Bundesbank befragten Kreditinstitute Nichtbanken in Rechnung stellen. Bei den Wechseldiskontkrediten wird ein Zinsbereich angegeben, da keine der Zinsklassen derartig dominiert, daß ein häufigster Zinssatz ersichtlich ist.

[13] Die Änderungsraten von Zinssätzen werden durchgehend in % und nicht in Prozentpunkten angegeben.

Kontokorrentkrediten mit 11,54 %, bei Wechseldiskontkrediten mit 9,80 % und bei Hypothekarkrediten im August 1970 mit 8,75 % den Höchststand. Bis August 1970 fiel das Zinsniveau geringfügig bei Kontokorrentkrediten, relativ stärker bei Wechseldiskontkrediten. Die Zinssteigerungsrate zwischen Mai 1969 und Mai 1970 ist bei Wechseldiskontkrediten am größten (+ 4,92 %), fast ebenso bei Kontokorrentkrediten (+ 4,03 %), kleiner bei Hypothekarkrediten (+ 1,76 %).

Die strukturelle Entwicklung der Sollzinsen verlief unterschiedlich. Von Juni 1967 bis Februar 1969 nahm der Prozentsatz der Kreditinstitute, die für Kontokorrentkredite den häufigsten Satz von 7,5 % berechneten, ständig zu und war im Februar 1969 mit 73,8 v.H. am größten. Bis Ende 1969 wurde der Zinsfächer dann breiter, als nur noch 30 v.H. der Institute den Schwerpunktsatz anwandten. Im Jahre 1970 ließ sich ein Schwerpunktsatz wieder klarer erkennen, jeweils knapp 50 v.H. der Banken legten diesen Satz ihren Zinsvereinbarungen zugrunde. Bei den Wechseldiskontkrediten sind die Zinssätze derart breit gestreut, daß nur ein Häufigkeitsbereich der am stärksten besetzten und zweier angrenzender Zinsklassen zu bilden ist. Es ist auffallend, daß die innerhalb dieses Bereichs liegenden Zinssätze 1967, 1968 und 1969 von 45 v.H. bis 65 v.H. der Kreditinstitute, 1970 dagegen von rund 80 v.H. der Institute als häufigste Sätze angegeben wurden, was auf eine geringe Vereinheitlichung in der Struktur schließen läßt. Ähnlich wie bei Kontokorrentkrediten bildete sich bei Hypothekarkrediten bis Mai 1969 ein Schwerpunktsatz heraus, dessen Häufigkeitsziffern aber schon ab Februar 1969 zurückgingen. Die Öffnung des Zinsfächers setzte sich bis August 1970 fort, als nur noch knapp über 40 v.H. der Banken den Schwerpunktsatz berechneten — gegenüber rund 70 v.H. im September 1968.

Deutlich zeigt sich die unterschiedliche Breite des Zinsfächers, wenn man die Sollzinssätze nach ihrer Höhe mit den dazu gehörigen Häufigkeiten aufgliedert; je ein Beispiel sei für die Jahre 1967 bis 1970 gewählt (Tabelle 3).

b) Habenzinssätze

Die hier betrachteten Zinssätze sind die für Termineinlagen unter 1 Mill. DM mit einer Laufzeit von 3 Monaten und für Spareinlagen mit gesetzlicher, 12- und 48monatiger Kündigungsfrist.

Die Entwicklung der Durchschnittssätze zeigt die folgende Tabelle:

Zinssätze für	Termin-einlagen (%, p. a.)	Spareinlagen gesetzliche Kündigung (%, p. a.)	Spareinlagen 12monatige Kündigung (%, p. a.)	Spareinlagen mit 48monatiger Kündigung (%, p. a.)a)
1967				
Juni	2,87	3,57	4,60	—
September	2,78	3,53	4,57	—
Dezember	3,04	3,53	4,56	—
1968				
März	2,95	3,53	4,58	5,65
Juni	2,96	3,53	4,58	5,63
September	2,98	3,53	4,57	5,57
November	3,22	3,53	4,57	5,55
1969				
Februar	3,12	3,53	4,57	5,61
Mai	3,35	3,52	4,57	5,60
August	4,24	4,01	5,01	6,00
November	4,94	4,02	5,03	6,03
1970				
Februar	6,91	4,52	6,01	6,99
Mai	7,91	5,01	6,47	7,47
August	7,71	5,02	6,48	7,39

a) Ab März 1968 von der Deutschen Bundesbank erfragt.

Es fällt auf, daß das Niveau der Sparzinsen von Juni 1967 bis Mai 1969 annähernd konstant blieb, danach mehrmals sprunghaft stieg, während sich der Satz der Termineinlagen schon 1967 und 1968 unter Schwankungen tendenziell und ab Mai 1969 kontinuierlich erhöhte — relativ stärker als die Zinssätze für Spareinlagen. Die Änderungsraten lassen dies erkennen:

Änderung der Einlagenkonditionen (in %)

	Juni 1967 bis Mai 1969	Mai 1969 bis Mai 1970
Spareinlagen mit gesetzlicher Kündigung	./. 0,05	+1,49
Spareinlagen mit 12monatiger Kündigung	./. 0,03	+1,90
Spareinlagen mit 48monatiger Kündigung	./. 0,05a)	+1,87
Termineinlagen	+0,48b)	+4,56

a) Ab März 1968.
b) Negative Änderungsraten maximal 0,1, positive Änderungsraten maximal 0,26.

Während Termineinlagen im Mai 1969 mit dem geringsten Satz unter den Einlagekategorien verzinst wurden, vergüteten die Banken im Mai 1970 für Termineinlagen höhere Konditionen als für alle Spareinlagearten. An dieser Struktur änderte sich auch bis August 1970 nichts, obwohl die Zinssätze für Termineinlagen um 0,20 % fielen und die für Spareinlagen annähernd konstant blieben.

Tabelle 3: **Zinsfächer der betrachteten Sollzinssätze nach der Zinsfreigabe**

Sollzinssätze		Kreditinstitute (v.H.), die diese Zinssätze anwendeten																	
Kredit-kategorie	Zinssatz % / Zeitpunkt	3,5	4,0	4,5	5,0	5,5	6,0	6,5	7,0	7,5	8,0	8,5	9,0	9,5	10,0	10,5	11,0	11,5	12,0
Konto-korrent-Kredite	Juni 1967	—	—	—	—	—	0,7	1,3	4,4	50,1	33,7	9,8	—	—	—	—	—	—	—
	Juni 1968	—	—	—	—	—	0,9	1,4	5,9	68,0	19,0	4,8	—	—	—	—	—	—	—
	Mai 1969	—	—	—	—	0,2	0,5	0,2	4,4	28,7	24,4	39,8	1,4	0,2	0,2	—	—	—	—
	Mai 1970	—	—	—	—	—	—	—	—	0,2	—	—	—	0,2	1,7	5,6	21,9	21,7	48,7
Wechsel-diskont-Kredite	Juni 1967	0,9	7,6	13,6	23,5	22,4	21,7	7,2	1,6	1,1	0,2	0,2	—	—	—	—	—	—	—
	Juni 1968	13,5	11,4	12,6	10,9	20,9	24,7	4,4	0,7	0,7	—	0,2	—	—	—	—	—	—	—
	Mai 1969	—	0,7	19,2	15,9	13,8	11,3	19,9	17,1	1,9	0,2	—	—	—	—	—	—	—	—
	Mai 1970	—	—	—	—	—	—	—	—	—	—	5,2	12,4	30,6	28,7	17,2	4,0	1,2	0,7
Hypothe-kar-Kredite	Juni 1967	—	—	—	—	—	—	2,8	50,2	43,8	2,8	0,4	—	—	—	—	—	—	—
	Juni 1968	—	—	—	—	—	0,4	13,8	61,3	23,7	0,8	—	—	—	—	—	—	—	—
	Mai 1969	—	—	—	—	—	0,8	25,8	54,3	18,0	1,1	—	—	—	—	—	—	—	—
	Mai 1970	—	—	—	—	—	—	—	—	1,6	16,6	45,8	30,4	2,0	2,4	0,8	0,4	—	—

Quelle: Monatsberichte der Deutschen Bundesbank.

Um die strukturelle Entwicklung der Habenzinsen darzustellen, wird jeweils von dem häufigsten Zinssatz[14] in einer Einlagenkategorie ausgegangen.

Häufigster Zinssatz mit Häufigkeitsziffern

	Termin-einlagen		Spareinlagen gesetzliche Kündigung		Spareinlagen 12monatige Kündigung		Spareinlagen 48monatige Kündigung	
	%	v.H.	%	v.H.	%	v.H.	%	v.H.
1967								
Juni	2,5—3,0	79,9	3,5	85,8	4,5	81,4	—	—
September	2,5—3,0	86,1	3,5	94,2	4,5	87,1	—	—
Dezember	2,5—3,0	69,3	3,5	93,8	4,5	88,0	—	—
1968								
März	2,5—3,0	75,8	3,5	93,8	4,5	86,8	5,5	45,6
Juni	2,5—3,0	73,1	3,5	93,7	4,5	86,4	5,5	56,8
September	2,5—3,0	71,8	3,5	94,0	4,5	87,0	5,5	42,8
November	2,5—3,0	63,4	3,5	94,3	4,5	88,6	5,5	43,9
1969								
Februar	2,5—3,0	60,9	3,5	94,0	4,5	88,4	5,5	44.9
Mai	2,5—3,0	51,0	3,5	94,4	4,5	88,3	5,5	41,5
August	3,5—4,0	41,2	4,0	94,2	5,0	91,9	6,0	59,5
November[a)]			4,0	96,0	5,0	93,0	6,0	60,8
1970								
Februar	7,0—7,5	40,2	4,5	95,6	6,0	92,0	7,0	94,4
Mai	8,0—8,5	55,7	5,0	94,8	6,5	86,1	7,5	84,6
August	7,5—8,0	57,8	5,0	94,8	6,5	87,7	7,5	66,7

a) Kein Schwerpunktbereich zu erkennen.

Der Häufigkeitsverteilung (Schaubild 3) ist zu entnehmen, daß die Kreditinstitute im kurzfristigen Spargeschäft — gesetzliche und 12monatige Kündigung — überwiegend den Schwerpunktsatz anwandten. Abweichungen von diesem Satz kamen in begrenztem Umfang vor, meist wurden höhere Konditionen genannt. Die Streuung der Zinssätze für Spareinlagen mit 48monatiger Kündigungsfrist war im Februar 1970 am geringsten, als 94,4 v.H. der Banken einheitlich 7,0 % an Zinsen vergüteten. Zu den übrigen Erhebungsterminen gaben zwischen 40 v.H. und 85 v.H. der Kreditinstitute den Schwerpunktsatz an. Damit verlief die strukturelle Entwicklung der langfristigen Sparzinsen wesentlich weniger einheitlich als die der kurzfristigen. Die Streuung der Zinssätze für Termineinlagen war die weitaus größte unter den Einlagenzinsen;

[14] Bei den Termineinlagen wird ein Zinsbereich angegeben, da keine der Zinsklassen derart stark besetzt ist, daß ein häufigster Zinssatz ersichtlich wäre.

sie reichte z. B. im November 1969 von 2,5 % bis 7,5 %, wobei die Häufigkeitsziffern bei keinem der Zinssätze über 18,0 v.H. betrugen.

Schaubild 3: Häufigkeitsverteilung der Habenzinssätze

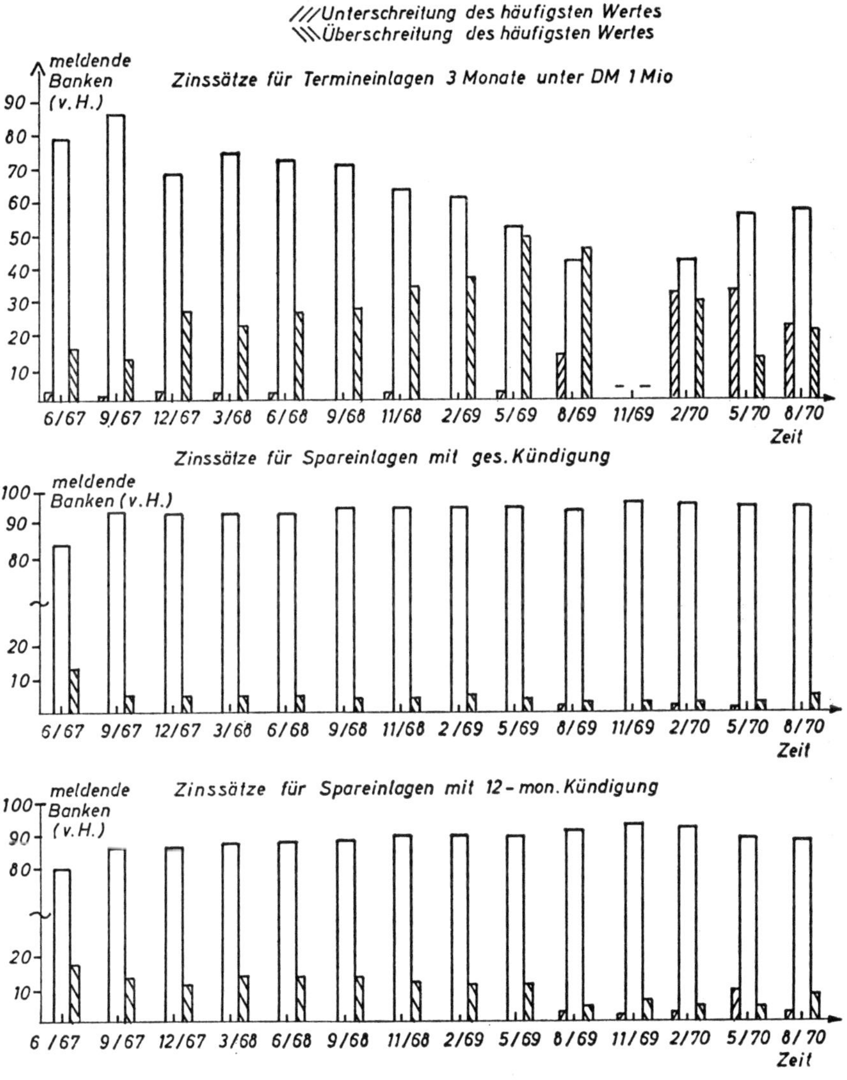

Quelle: Monatsberichte der Deutschen Bundesbank.

Die unterschiedliche Breite des Zinsfächers bei den Einlagenkategorien gibt Tabelle 4 mit je einem Beispiel für die Jahre 1967 bis 1970 wieder.

Tabelle 4: **Zinsfächer bei den Habenzinsen nach der Zinsfreigabe**

Habenzinsen		Banken (v.H.), die diese Zinssätze anwendeten														
Einlagen-art	Zinssatz (%) / Zeitpunkt	2,0	2,5	3,0	3,5	4,0	4,5	5,0	5,5	6,0	6,5	7,0	7,5	8,0	8,5	9,0
Termin-einlagen 3 Mon. < DM 1 Mill.	Juni 1967	2,4	54,7	25,2	11,7	2,7	1,1	1,9	0,3	—	—	—	—	—	—	—
	Juni 1968	1,0	47,4	25,7	18,2	4,9	1,9	0,6	0,3	—	—	—	—	—	—	—
	Mai 1969	—	30,7	20,3	16,3	17,7	12,7	1,6	0,7	—	—	—	—	—	—	—
	Mai 1970	—	—	—	—	—	0,3	0,8	1,0	3,3	8,4	15,5	29,2	26,5	11,7	3,3
Spar-einlagen gesetzl. Kündigung	Juni 1967	—	—	—	85,8	13,5	0,7	—	—	—	—	—	—	—	—	—
	Juni 1968	—	—	—	93,7	6,3	—	—	—	—	—	—	—	—	—	—
	Mai 1969	—	—	—	94,4	5,1	0,5	—	—	—	—	—	—	—	—	—
	Mai 1970	—	—	—	—	—	1,4	94,8	3,3	0,5	—	—	—	—	—	—
Spar-einlagen mit 12monat. Kündigung	Juni 1967	—	—	—	—	0,4	81,4	17,3	0,7	0,2	—	—	—	—	—	—
	Juni 1968	—	—	—	—	—	86,4	13,1	0,5	—	—	—	—	—	—	—
	Mai 1969	—	—	—	—	—	88,3	10,7	0,7	0,3	—	—	—	—	—	—
	Mai 1970	—	—	—	—	—	—	—	0,3	9,8	86,1	3,8	—	—	—	—
Spar-einlagen mit 48monat. Kündigung	Juni 1968	—	—	—	—	—	—	8,5	56,8	32,6	2,1	—	—	—	—	—
	Mai 1969	—	—	—	—	—	0,4	18,2	41,5	39,9	—	—	—	—	—	—
	Mai 1970	—	—	—	—	—	—	—	—	—	0,5	9,8	84,6	5,1	—	—

Quelle: Monatsberichte der Deutschen Bundesbank.

2. Zinssätze für Großkredite und -einlagen

Neben der Zinsentwicklung im Massengeschäft ist die jeweilige Höhe der Konditionen im Großgeschäft der Kreditinstitute für das Gesamtzinsniveau von Bedeutung. Als statistisch zugängliche Zinssätze bei Großgeschäften seien die Sätze für Kontokorrentkredite und 3-Monats-Termineinlagen im Betrage von 1 Mill. DM bis 5 Mill. DM in die Betrachtung einbezogen[15]. Die entsprechenden Konditionen für Beträge unter 1 Mill. DM werden im Schaubild 4 mit aufgeführt, um einen Vergleich zu ermöglichen.

Schaubild 4: Entwicklung der Zinssätze für Kontokorrentkredite und Termineinlagen auf 3 Monate im Betrage von jeweils unter DM 1 Mill. und DM 1—5 Mill.

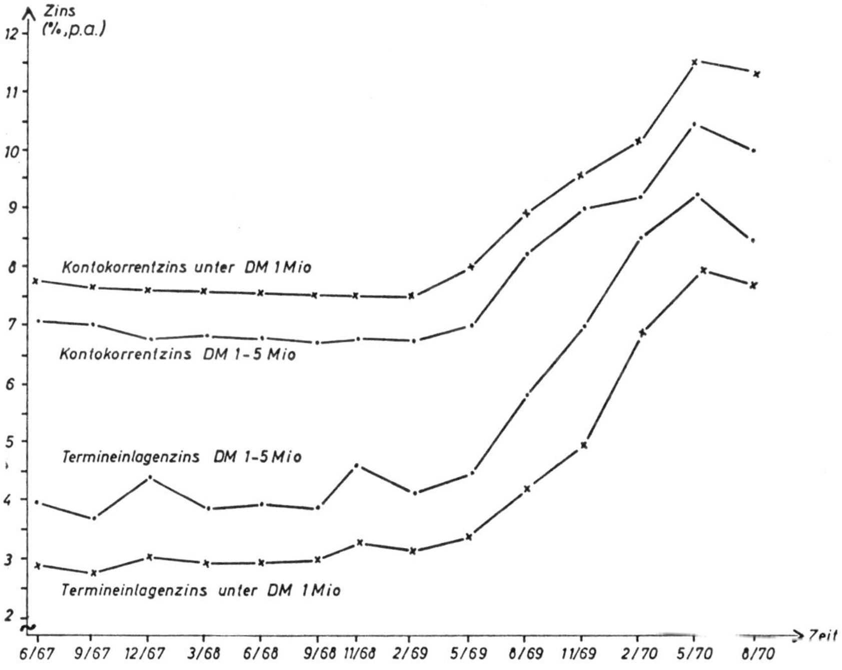

Quelle: Monatsberichte der Deutschen Bundesbank, Informationen eines Bankenverbandes.

[15] Quellen für die Entwicklung der Zinssätze bis einschließlich November 1968:

1. Monatsberichte der Deutschen Bundesbank, Januar 1969, S. 3 ff.
2. Informationen eines Bankenverbandes.

Ab Februar 1969:

1. Monatsberichte der Deutschen Bundesbank, September 1969, S. 16 und Juni 1970, S. 14.
2. Informationen einer großen Kreditbank.

Generell liegt das Zinsniveau bei Großgeschäften der Banken mit Nichtbanken auf einer gegenüber dem Massengeschäft um rund 1 % verschobenen Ebene.

Die Zinssätze für Kontokorrentkredite unter 1 Mill. DM fielen von Juni 1967 bis Februar 1969 kontinuierlich, während die Sätze für Großkredite von einem Erhebungszeitraum zum darauf folgenden sowohl stiegen als auch zurückgingen. Insgesamt über diesen Zeitraum betrachtet sanken die Konditionen für große Kontokorrentkredite stärker (— 0,32 %) als die Kredite unter 1 Mill. DM (— 0,21 %). Von Mai 1969 bis Mai 1970 wurden die Zinssätze im Großkreditgeschäft um 0,28 % weniger angehoben als im Massengeschäft.

Die Konditionen für Millionentermineinlagen wiesen in den beiden ersten Jahren nach der Zinsfreigabe größere Änderungsraten als die für Einlagen unter 1 Mill. DM auf (maximal 0,8 % gegenüber 0,26 %). Dazu trugen besonders die Zinssätze für Jahresultimogelder bei, die Kreditinstitute Großeinlegern Ende 1967 und 1968 vergüteten. Die bis Februar 1969 zu beobachtende tendenzielle Aufwärtsbewegung der Zinssätze für Millionen- und Masseneinlagen setzte sich ab Mai 1969 verstärkt fort — wenn auch mit unterschiedlich großen Steigerungsraten. Im November 1969 stellte sich die Differenz zwischen den Konditionen für Großeinlagen und Einlagen unter 1 Mill. DM auf 2,66 % und war damit die größte während des gesamten Betrachtungszeitraumes.

Von Mai bis August 1970 gingen die Zinssätze im Großgeschäft in stärkerem Umfang zurück als im Massengeschäft, so daß sich der Abstand der Sätze für Kontokorrentkredite wieder vergrößerte und für Termineinlagen verkleinerte.

Ein Einblick in die Zinsstruktur bei Großkrediten und -einlagen bietet sich, wenn man die Zinssätze auffächert, die Kreditinstitute nach der Zinsfreigabe im Juni 1967[16] berechneten bzw. vergüteten, und sie mit dem entsprechenden Zinsfächer der Kontokorrenkredite und Termineinlagen unter 1 Mill. DM vergleicht. Den Häufigkeitsverteilungen (Schaubild 5) ist zu entnehmen, daß

a) die Breite des Zinsfächers bei Großgeschäften sich von dem bei Massengeschäften nicht wesentlich unterscheidet und

b) ein Schwerpunktsatz oder -bereich bei Großkrediten und Millioneneinlagen zwar vorhanden ist, allerdings nicht so ausgeprägt wie bei Abschlüssen unter 1 Mill. DM.

Als Ergebnis bleibt festzuhalten, daß nach der Zinsfreigabe die Zinssätze für Großkredite um 0,6 % bis 1,0 % unter, für Großeinlagen um

[16] Für die folgenden Jahre liegen keine statistischen Unterlagen vor.

Schaubild 5: Häufigkeitsverteilung der Zinssätze für Kontokorrentkredite und Termineinlagen im Großgeschäft gegenüber der im Massengeschäft (Stand: Juni 1967)

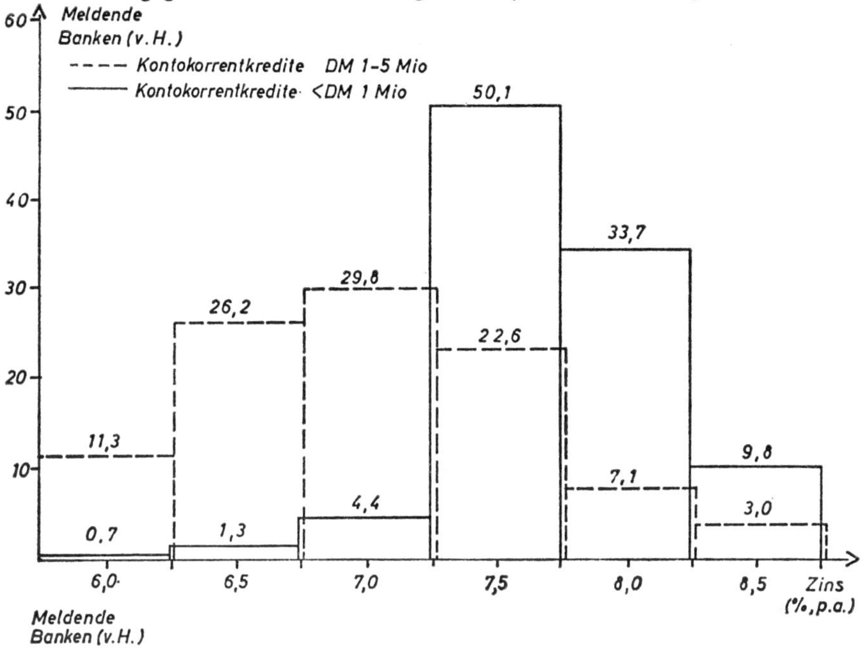

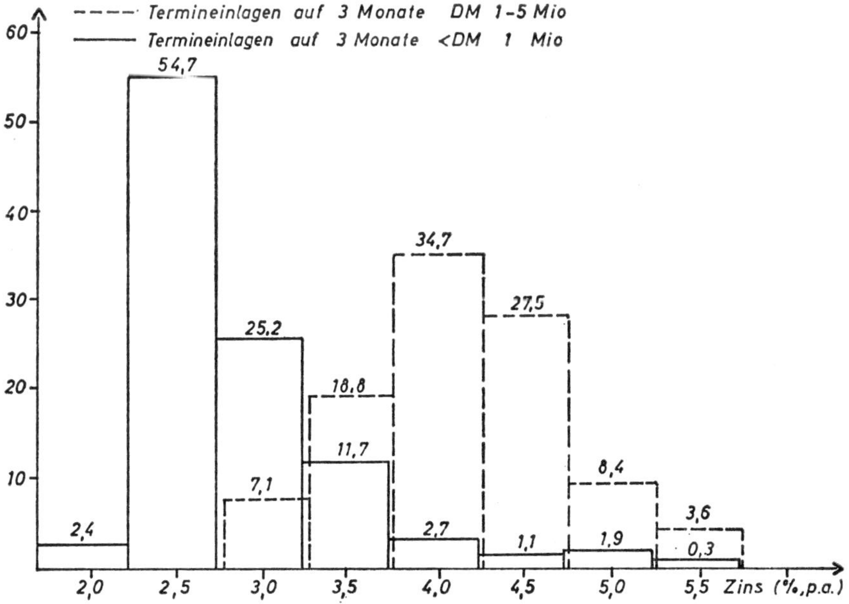

Quelle: Angaben eines Bankenverbandes zur Zinserhebung der Deutschen Bundesbank.

0,8 % bis rund 2,0 % über den Konditionen des Massengeschäftes lagen. Das durchschnittliche Zinsniveau, das jeweils aus den Massenkonditionen abgeleitet wurde, ist durch den Einfluß der Zinssätze im Großgeschäft insgesamt bei Kontokorrentkrediten niedriger und bei Termineinlagen höher anzusetzen.

IV. Das Zinsniveau in Perioden gleich hohen Diskontsatzes

Die Entwicklung der Soll- und Habenzinssätze nach dem 1. April 1967 läßt keine Rückschlüsse zu, wie die Zinsfreigabe deren Niveau beeinträchtigte. Erst wenn vergleichbare Zinssätze, die Banken im Verkehr mit Nichtbanken vor (entsprechend der Zinsverordnung) und nach der Zinsliberalisierung anwandten, gegenübergestellt werden, ist festzustellen, ob sich das Niveau der Soll- und Habenzinsen relativ verschoben hat. Die Grundlage des Vergleichs bilden Zinssätze für Kontokorrent- und Wechseldiskontkredite auf der Sollseite und die Sätze für 3-Monats-Termineinlagen, Spareinlagen mit gesetzlicher und ein- bis vierjähriger Kündigungsfrist auf der Habenseite. Die Zinssätze für Termineinlagen unter 1 Mill. DM auf 3 Monate (nach dem 1. April 1967) werden den Konditionen für Termineinlagen auf 3 bis unter 6 Monate (vor dem 1. April 1967) gegenübergestellt. Die Sätze für Spareinlagen mit 12monatiger Kündigungsfrist sind mit den Konditionen für Spareinlagen bei 12- bis unter 48monatiger (ab 1. März 1965 bis unter 30monatiger) Kündigung zu vergleichen. Abgesehen von diesen statistischen Abgrenzungsänderungen der Laufzeiten, können für die Zeit nach der Zinsfreigabe nur Durchschnittszinssätze berechnet oder deutlich zu erkennende Schwerpunktsätze angesetzt werden. Bezugszeiträume für den Vergleich sind Perioden gleich hohen Diskontsatzes (D = 3 % und D = 5 %).

Aus Tabelle 5 ist zu entnehmen:

1. In den Perioden I, II, IV und V war der Zinssatz für Kontokorrentkredite fest mit dem Diskontsatz gekoppelt, die Zinshöhe stellte sich auf D + 4,5 %. Bei D = 3 % hat sich dieses Niveau in Periode III gehalten, vernachlässigt man den Zinssatz für Kontokorrentkredite zwischen 1 und 5 Mill. DM. Die Sätze für Millionenkredite auszuklammern, ist berechtigt, weil es auch vor der Zinsfreigabe Minderkonditionen gab, die das durchschnittliche Zinsniveau herabgedrückt haben. Über den Zeitpunkt der Zinsliberalisierung blieben die Zinssätze demnach annähernd konstant[17]. Bei D = 5 % dürfte sich das Zinsniveau für Konto-

[17] Die Deutsche Bundesbank bemerkt, daß „gegenwärtig (Januar 1969, d. V.) die Sollzinsen im Kontokorrentgeschäft mit den kleinen und mittleren Kunden auf etwa demselben Niveau liegen wie in vergleichbaren Perioden vor der Zinsfreigabe“. Monatsberichte der Deutschen Bundesbank, Januar 1969, S. 6.

Tabelle 5: **Zinsniveau in Perioden gleich hohen Diskontsatzes vor und nach der Zinsfreigabe**

Zinskategorie / Periode	Kontokorrentkredite (%, p. a.)		Wechseldiskontkredite (%, p. a.)	Termineinlage 3 Mon. (%, p. a.)	Spareinlage ges. Kündigg. (%, p. a.)	Spareinlage 12 Mon. Kd. (%, p. a.)
Diskontsatz = 3 %						
I 27. 6. 1958 — 10. 1. 1959	7,5		5,5	2,75 (2,5) a)	3,0	4,25 (4,0) a)
II 5. 5. 1961 — 22. 1. 1965	7,5		5,5	2,25	3,25	4,0
III 12. 5. 1967 — 18. 4. 1969	< DM 1 Mill. 7,5 b)	DM 1—5 Mill. 6,9 c)	5,0 c)	3,0 c)	3,5 b)	4,5 b)
Diskontsatz = 5 %						
IV 3. 6. 1960 — 11. 11. 1961	9,5		7,5	3,5	4,0	5,25
V 27. 5. 1966 — 6. 1. 1967	9,5		8,0 d)	< DM 1 Mill. 3,5	4,5	5,5
VI 20. 6. 1969 — 11. 9. 1969	< DM 1 Mill. 9,0 b)	DM 1—5 Mill. 8,25	6,77	4,25	4,0 b)	5,0 b)

a) Zinssenkung in der Periode. — b) Schwerpunktsatz. — c) Durchschnittssatz, da die Zinssätze innerhalb der Periode schwanken. — d) Die Berechnungsformel wurde geändert in D + 3 % (früher D + 2,5 %).
Quelle: Berechnet auf der Grundlage der Monatsberichte der Deutschen Bundesbank. Angaben eines Bankenverbandes.

korrentkredite ohne den Einfluß der Millionenkonditionen im Jahre 1969 um etwa 0,5 % ermäßigt haben.

2. Der durchschnittliche Zinssatz für Wechseldiskontkredite lag nach der Zinsfreigabe rund 0,5 % (D = 3 %) bzw. 1,0 % (D = 5 %) unter dem der Vergleichsperioden. Daraus eindeutig auf ein niedrigeres Zinsniveau im Wechselgeschäft der Kreditinstitute als Folge der Zinsfreigabe zu schließen, ist nicht möglich, da

a) die Berechnungsformel für die Höchstzinssätze am 1. März 1965 von D + 2,5 % in D + 3,0 % geändert wurde und

b) sich die statistischen Unterlagen für die Zeit nach 1967 nur auf bundesbankfähige Abschnitte im Betrag zwischen 5000,— DM und 20 000,— DM beziehen.

Nach den Ergebnissen des hier angestellten Vergleichs ist jedoch sicher richtig, daß „für Wechseldiskontkredite das Zinsniveau, das bei gleichem Diskontsatz in der Zeit der Geltung der Zinsvorschriften vorgeherrscht hätte, heute (Januar 1969, d. V.) eher unterschritten wird“[18]. Das gilt ebenso für die Gegenüberstellung bei D = 5 %, weil die Zinsunterschiede mit rund 1 % noch größer sind.

3. Der durchschnittliche Zinssatz für Termineinlagen übertraf in den Perioden III und VI die nach der Zinsverordnung erlaubten Höchstsätze meist um 0,75 %. Nicht berücksichtigt ist für die Zeit vor 1967 der Einfluß von Umgehungsgeschäften, der im Durchschnitt die gebundenen Zinssätze für Termineinlagen denen der zinsbindungsfreien Zeit möglicherweise angleichen würde. Den Einfluß der Umgehungsgeschäfte auszuklammern, ist insofern erlaubt, als

a) die Statistik der Deutschen Bundesbank nach der Zinsfreigabe nur für das Massengeschäft gilt und im Massengeschäft vor der Zinsliberalisierung der Einfluß von Umgehungsgeschäften nicht so spürbar gewesen sein dürfte und

b) auch die Konditionen für Millioneneinlagen nach 1967 nicht berücksichtigt werden.

Deutlich läßt sich das nach der Zinsfreigabe höhere Zinsniveau bei Termineinlagen herausstellen, wenn man die Konditionen aus den Perioden V und VI vergleicht, da vom 27. Mai 1966 bis zum 6. Januar 1967 mit der Freigabe der Millioneneinlagen der Anreiz vermindert war, die Höchstzinsvorschriften, die für Einlagen unter 1 Mill. DM weitergalten, zu übertreten. Vor der Zinsliberalisierung (Periode V) vergüteten Banken für Termineinlagen unter 1 Mill. DM 0,75 % weniger an Zinsen als im Jahre 1969 (Periode VI).

---

18 Monatsberichte der Deutschen Bundesbank, Januar 1969, S. 6.

4. Spareinlagen mit gesetzlicher und vereinbarter Kündigungsfrist wurden nach der Zinsfreigabe bei D = 3 % um 0,25 % bis 0,5 % höher verzinst als vor 1967, während die ungebundenen Konditionen bei D = 5 % bis zu 0,5 % niedriger lagen. Das Zinsniveau ist in den ersten beiden Jahren nach der Zinsliberalisierung vergleichsweise gestiegen, Mitte 1969 dann unter das entsprechende Niveau aus der zinsgebundenen Zeit gefallen.

Insgesamt lag das Sollzinsniveau nach der Zinsfreigabe bei gleich hohem Diskontsatz tendenziell niedriger, die Konditionen für Termineinlagen waren deutlich höher als vor 1967, während sich das Sparzinsniveau nach der Zinsliberalisierung bei D = 3 % über und bei D = 5 % unter dem vergleichbaren Stand bewegte.

V. Zur Struktur und Höhe der Sollzinssätze

Sollzinssätze für die Zeit vor und nach 1967 zu vergleichen, wird dadurch erschwert, daß die Zinsverordnung keine Fest- sondern Höchstsätze vorschrieb, die — statistisch nicht genau erfaßbar — unterschritten werden durften. Bei den Habenzinssätzen stellt sich dieses Problem nicht, da die Kreditinstitute die nach der Zinsverordnung zulässigen Höchstsätze als Normalkonditionen vergüteten.

Einen Einblick in die Zinsgestaltung am Bankenkreditmarkt für die Zeit vor der Zinsfreigabe bietet eine Teilerhebung der Sollzinsen für das Jahr 1966. Der Verein Deutscher Maschinenbau-Anstalten e.V. hat ermittelt, welche Zinssätze von seinen Mitgliedsfirmen für Kontokorrent- und Wechseldiskontkredite vor und nach dem 27. Mai 1966 zu entrichten waren[19]. Die Auswertung der Erhebung und der Vergleich mit den Zinssätzen in Perioden gleich hohen Diskontsatzes nach der Zinsfreigabe soll eine Antwort auf folgende Fragen ermöglichen:

1. Hat sich die Struktur der Sollzinsen durch die Zinsliberalisierung verändert?
2. Variiert das Zinsniveau zwischen 1966 (Erhebung Verein Deutscher Maschinenbau-Anstalten) und 1969 (Erhebung Deutsche Bundesbank), wenn man Sollzinssätze zugrunde legt, die vor der Zinsliberalisierung tatsächlich vorgekommen sind?
3. Wie hoch ist 1966 das Verhältnis der Minder- zu den Normalkonditionen und der Prozentsatz der Kreditverträge mit Diskontgleitklauseln?

---

[19] Verein Deutscher Maschinenbau-Anstalten e.V., Ergebnisse der Umfrage über Zusammenhänge zwischen den Maßnahmen der Bundesbank und ihren Auswirkungen im Maschinenbau, Frankfurt/M., 30. März 1967, nicht veröffentlicht.

Tabelle 6

Vergleich der Variationsbreite 1966 (Verein Deutscher Maschinenbau-Anstalten, VDMA) gegenüber 1969 (Deutsche Bundesbank, DBB) für Kontokorrentzinssätze

Zinsklasse \ Erhebung	D = 4 % = Periode I VDMA (1966) v.H.	D = 4 % = Periode I DBB (1969) v.H.	D = 5 % = Periode II VDMA (1966) v.H.	D = 5 % = Periode II DBB (1969) v.H.
Gemeldete Kontokorrentzinssätze				
4,75 %— 5,25 %	—	—	—	—
5,25 %— 5,75 %	1,8	0,2	—	—
5,75 %— 6,25 %	1,7	0,5	—	0,2
6,25 %— 6,75 %	1,7	0,2	0,7	—
6,75 %— 7,25 %	5,9	4,4	0,7	0,2
7,25 %— 7,75 %	22,8	28,7	0,7	0,7
7,75 %— 8,25 %	26,8	24,4	0,7	5,3
8,25 %— 8,75 %	37,5	39,8	18,6	32,0
8,75 %— 9,25 %	1,8	1,4	30,4	28,5
9,25 %— 9,75 %	—	0,2	43,3	31,5
9,75 %—10,25 %	2,5	0,2	1,6	1,1
10,25 %—10,75 %	—	—	—	0,5
10,75 %—11,25 %	—	—	3,3	—
Nach Verdichtung der Zinsklassen				
unter 7,25 %	11,1	5,3		
7,25 %—7,75 %	22,8	28,7		
7,75 %—8,25 %	26,8	28,7	unter 8,25 % 2,8	unter 8,25 % 6,4
8,25 %—8,75 %	37,5	39,8	18,6	32,0
8,75 %—9,25 %	über 8,75 % 3,3	über 8,75 % 1,8	30,4	28,5
9,25 %—9,75 %			43,3	31,5
über 9,75 %			4,9	1,6

Quelle: Berechnet auf der Grundlage der Monatsberichte der Deutschen Bundesbank und der Zinserhebung des Vereins Deutscher Maschinenbau-Anstalten.

Tabelle 7

Vergleich der Variationsbreite 1966 (Verein Deutscher Maschinenbau-Anstalten, VDMA) gegenüber 1969 (Deutsche Bundesbank, DBB) für Wechseldiskontzinssätze

Gemeldete Wechseldiskontzinssätze				
	D = 4 % = Periode I		D = 5 % = Periode II	
Erhebung / Zinsklasse	VDMA (1966) v.H.	DBB (1969) v.H.	VDMA (1966) v.H.	DBB (1969) v.H.
unter 4,25 %	—	0,7	—	—
4,25 %— 4,75 %	5,4	19,2	—	0,2
4,75 %— 5,25 %	16,5	15,9	—	0,2
5,25 %— 5,75 %	33,9	13,8	—	20,3
5,75 %— 6,25 %	23,8	11,3	5,3	13,5
6,25 %— 6,75 %	10,1	19,9	14,9	13,8
6,75 %— 7,25 %	6,6	17,1	48,5	15,4
7,25 %— 7,75 %	1,8	1,9	15,0	21,0
7,75 %— 8,25 %	0,9	0,2	11,6	12,8
8,25 %— 8,75 %	—	—	1,0	2,8
8,75 %— 9,25 %	0,9	—	2,7	—
9,25 %— 9,75 %	—	—	1,0	—
9,75 %—10,25 %	—	—	1,0	—

Quelle: Berechnet auf der Grundlage der Monatsberichte der Deutschen Bundesbank und der Zinserhebung des Vereins Deutscher Maschinenbau-Anstalten.

Zu 1. Hat sich die Struktur der Sollzinsen durch die Zinsliberalisierung verändert? Die Erhebungen des Vereins Deutscher Maschinenbau-Anstalten beziehen sich auf Perioden mit D = 4 % (vor dem 27. Mai 1966) und D = 5 % (nach dem 27. Mai 1966); zu vergleichen[20] ist mit den von der Deutschen Bundesbank veröffentlichten Zinssätzen für Mai 1969 (D = 4 %) und August 1969 (D = 5 %). Nach dem Muster der Zinsstatistik der Deutschen Bundesbank werden die Zinssätze in Klassen unterteilt, getrennt nach Zinskategorie und Diskontsatz (Tabellen 6 und 7).

Der Vergleich der Variationsbreiten 1966—1969 zeigt, daß bei Kontokorrentkrediten in Periode I und II[21] die Spanne vom niedrigsten zum höchsten Zinssatz gleich groß ist; sie beträgt in beiden Perioden jeweils 4,5 %.

In Periode I liegen 84,6 v.H. (Verein Deutscher Maschinenbau-Anstalten) bzw. 92,9 v.H. (Deutsche Bundesbank) der genannten Zinssätze zwischen 7,25 % und 8,75 %, in der Periode II bildet sich ein Schwerpunkt zwischen 8,25 % und 9,75 % mit 92,3 v.H. (Verein Deutscher Maschinenbau-Anstalten) bzw. 92,0 v.H. (Deutsche Bundesbank) der Fälle.

Bei Kontokorrentkrediten hat die Zinsliberalisierung demnach keine größere Streuung der Zinssätze hervorgerufen; die Spanne vom niedrigsten zum höchsten Zinssatz und die Konzentration der Zinssätze in einem 1,5 % breiten Intervall gilt in den Perioden gleichermaßen.

Bei Wechseldiskontkrediten ist die Variationsbreite ebenfalls nicht größer geworden; sie beträgt im Mittel für beide Perioden und Erhebungen 4 %. Geändert hat sich nach der Zinsfreigabe offensichtlich die

---

[20] Die Deutsche Bundesbank und der Verein Deutscher Maschinenbau-Anstalten e.V publizieren Zinssätze, die Banken Nichtbanken in Rechnung stellen. Die Repräsentation der Kreditinstitute in beiden Erhebungen dürfte weitgehend übereinstimmen, da sich auch die Angaben des Vereins Deutscher Maschinenbau-Anstalten e.V. auf in Deutschland verstreute Institute beziehen und Privat- und Genossenschaftsbanken, sowie Sparkassen umfassen. Die Erhebung der Deutschen Bundesbank nennt Zinssätze, die im Massengeschäft vorkommen, die des Vereins Deutscher Maschinenbau-Anstalten e.V. solche, die Industriefirmen zu entrichten hatten. Da Kontokorrent- und Wechseldiskontkredit auch im Massengeschäft größtenteils von privaten Unternehmen in Anspruch genommen werden (lt. Auskunft eines Bankenverbandes beträgt der Anteil privater Haushalte rd. 2 v.H. bei Wechselkrediten, rd. 10 v.H. bei Kontkorrentkrediten; der Anteil öffentlicher Haushalte ist gering und daher vernachlässigbar), ist es nach Ansicht des Verfassers gestattet, die Erhebungen zu vergleichen und zumindest qualitativ abgestufte Aussagen herzuleiten.

Es bleibt dennoch zu beachten, daß die Zinssätze für Kontokorrent- und Wechseldiskontkredite, die Kreditinstitute Mitgliedsfirmen des Vereins Deutscher Maschinenbau-Anstalten berechneten, im Durchschnitt immer etwas niedriger liegen müßten als die von der Deutschen Bundesbank ermittelten Konditionen, da es sich nicht um das ausschließliche Massengeschäft handelte.

[21] In Periode I stellt sich der Diskontsatz auf 4 %, in Periode II auf 5 %.

Struktur der Zinssätze: Es gibt keine Zinsklasse, die 1969 bedeutend mehr als 20 v.H. der Fälle auf sich vereint — im Gegensatz zu 1966, wo bei D = 4 % die Zinsklasse 5,25 % bis 5,75 % mit 33.9 v.H., bei D = 5 % die Zinsklasse 6,75 % bis 7,25 % mit 48,5 v.H. der Fälle herausragt.

Zu 2. Variiert das Zinsniveau zwischen 1966 und 1969, wenn man vor der Zinsfreigabe tatsächlich vorgekommene Zinssätze zugrundelegt? Im Vergleich zwischen 1966 und 1969 haben sich die durchschnittlichen Zinssätze für Kontokorrentkredite bei D = 4 % und D = 5 % nach der Zinsfreigabe leicht ermäßigt (Tabelle 8); das kommt auch in einer Verschiebung der Häufigkeitsziffern zu niedrigeren Zinsklassen zum Ausdruck (Tabelle 6). Bezieht man die Zinssätze für Millionenkredite nach 1967 in die Betrachtung ein, wird der Niveauunterschied noch deutlicher.

Die Durchschnittskonditionen für Wechseldiskontkredite lagen 1966 bei D = 4 % geringfügig, bei D = 5 % um rund 0,5 % über denen des Jahres 1969 (Tabelle 8).

Die Ergebnisse dieses Vergleiches scheinen zu bestätigen, daß das Sollzinsniveau nach der Zinsfreigabe bei gleich hohem Diskontsatz gegenüber der Zeit vor 1967 gesunken ist. Die Aussage gilt umso mehr, weil die Zinserhebung des Vereins Deutscher Maschinenbau-Anstalten — anders als die der Deutschen Bundesbank — sich nicht ausschließlich auf das Massengeschäft bezieht.

Zu 3. Wie hoch ist 1966 das Verhältnis der Minder- zu den Normalkonditionen und der Prozentsatz der Kreditverträge mit Diskontgleitklauseln? Über den Anteil von Minderkonditionen im Kreditgeschäft der Banken mit Nichtbanken liegen keine genauen Angaben vor, er ist auf rund 50 v.H. geschätzt worden[22]. Aufgrund der Zinserhebung des Vereins Deutscher Maschinenbau-Anstalten läßt sich für einen Sektor der privaten Wirtschaft der Prozentsatz exakt ermitteln — getrennt nach Kontokorrent- und Wechseldiskontkrediten.

Gemäß der Zinsverordnung konnten Kreditinstitute für Kontokorrentkredite maximal D + 4,5 %, für Wechseldiskontkredite D + 3 % an Zinsen in Rechnung stellen. Vor dem 27. Mai 1966 betrug der Anteil der Minderkonditionen bei Kontokorrentkrediten 60,7 v.H. (Wechseldiskontkredite 90,7 v.H.), danach ging er auf 53,4 v.H. (84,7 v.H.) zurück (Tabelle 9). Offensichtlich nahmen manche Banken die Diskonterhöhung zum Anlaß, Zinsvergünstigungen abzubauen und die Konditionen überproportional zu erhöhen.

---

[22] Vgl. z. B. H. Henkel: Plädoyer für Freiheit der Bankzinsen, in: Zeitschrift für das gesamte Kreditwesen, Heft 1, 1966, S. 10.

Tabelle 8: **Durchschnittliches Zinsniveau 1966 (Verein Deutscher Maschinenbau-Anstalten) und 1969 (Deutsche Bundesbank) bei D = 4 % und D = 5 %**

Kreditart / Erhebungsjahr	D = 4 % = Periode I		D = 5 % = Periode II	
	1966	1969 Massengeschäft	1966	1969 Massengeschäft
Kontokorrentkredit (%, p. a.)	8,18	8,00	9,13	8,93
Wechseldiskontkredit (%, p. a.)	5,73	5,78	7,22	6,77
		Millionenkredit		Millionenkredit
Kontokorrentkredit (%, p. a.)	8,18	7,00	9,13	8,25

Quelle: Berechnet auf der Grundlage der Monatsberichte der Deutschen Bundesbank und der Zinserhebung des Vereins Deutscher Maschinenbau-Anstalten.

Tabelle 9: **Normalkonditionen, Minder- und höhere Konditionen als nach der Zinsverordnung zulässig im Jahre 1966 (Erhebung des Vereins Deutscher Maschinenbau-Anstalten)**

Stand des Diskontsatzes / Kreditart	Diskontsatz = 4 %				Diskontsatz = 5 %			
	Maximaler Zinssatz laut Zinsverordnung	Normalkonditionen (v.H. der gemeldeten Fälle)	Minderkonditionen (v.H. der gemeldeten Fälle)	Höhere Konditionen (v.H. der gemeldeten Fälle)	Maximaler Zinssatz laut Zinsverordnung	Normalkonditionen (v.H. der gemeldeten Fälle)	Minderkonditionen (v.H. der gemeldeten Fälle)	Höhere Konditionen (v.H. der gemeldeten Fälle)
Kontokorrentkredite (D + 4,5 %)	8,5 %	35,0	60,7	4,3	9,5 %	41,7	53,4	4,9
Wechseldiskontkredite (D + 3,0 %)	7,0 %	5,7	90,7	3,6	8,0 %	10,6	84,7	5,7

Quelle: Berechnet auf der Grundlage der Zinserhebung des Vereins Deutscher Maschinenbau-Anstalten.

Nach den Angaben des Vereins Deutscher Maschinenbau-Anstalten mußten 94,5 v.H. der Unternehmen 1966 eine automatische Anpassung ihrer Konditionen für Kontokorrentkredite hinnehmen. Noch enger war die Koppelung der Zinssätze bei Wechselkrediten: Hier wurden die Sätze ohne Ausnahme verändert.

Es ist festzuhalten, daß 1966 im Bereich des Vereins Deutscher Maschinenbau-Anstalten Minderkonditionen bei Wechseldiskont- häufiger als bei Kontokorrentkrediten vorkamen. In mehr als der Hälfte aller Kreditverträge waren Minderkonditionen und in über 90 v.H. der Fälle Diskontgleitklauseln vereinbart.

C. Die Bedeutung der Zinssätze für die Zentralbank, die Banken und Nichtbanken

I. Zinspolitik als kreditpolitisches Mittel der Zentralbank

1. Instrumente der Kreditpolitik

Die Zentralbank sollte versuchen, mit den Mitteln der Kreditpolitik dazu beizutragen, das Zielbündel Preisstabilität, Vollbeschäftigung, Wirtschaftswachstum und Zahlungsbilanzausgleich zu erreichen[1]. Dabei ist zu beachten[2], daß

a) die Reihenfolge in der Aufzählung nicht wertet, vielmehr können Prioritäten je nach Konjunkturlage zu setzen sein,

b) die Kreditpolitik dazu beitragen soll, das Zielbündel zu erreichen. Als Teil der Wirtschaftspolitik stellt die Kreditpolitik nur ein Mittel dar, die konjunkturelle Entwicklung zu beeinflussen. Daneben kommen der Fiskalpolitik aller öffentlicher Haushalte und den Tarifverträgen der Gewerkschaften und Unternehmer ein besonderes Gewicht zu[3],

c) die Zentralbank über eine Reihe von kreditpolitischen Instrumenten unterschiedlicher Wirkung verfügt. Die Instrumente optimal zu kombinieren, zu dosieren und den Zeitpunkt ihres Einsatzes zu bestimmen, bringt Probleme, die in der Kreditpolitik selbst liegen.

Diese Anmerkungen lassen erkennen, wie schwer die der Kreditpolitik zugewiesenen Aufgaben zu lösen sind und welche Konflikte sich ergeben können: Wenn es gelingen sollte, das Zielbündel entsprechend der Wirtschaftslage nach Prioritäten zu ordnen, kommt es entscheidend darauf an, daß die Maßnahmen der Kredit- und Fiskalpolitik sowie die Vereinbarungen in den Tarifverträgen koordiniert werden und sich in ihrer Wirkung nicht kompensieren oder überkompensieren[4].

---

[1] Vgl. Cl. Köhler: Orientierungshilfen für die Kreditpolitik, Berlin 1968, S. 23.

[2] Vgl. auch G. Schmölders: Geldpolitik, 2. neu bearbeitete Auflage, Tübingen und Zürich 1968, S. 392 ff.

[3] Vgl. J. Becker: Die kontinuierliche Liquiditätsversorgung des Bankensystems, Berlin 1969, S. 9.

[4] Vgl. J. Becker: Die kontinuierliche Liquiditätsversorgung des Bankensystems, S. 1.

Wenn darüberhinaus im Bereich der Kreditpolitik nicht rechtzeitig oder quantitativ falsch, damit ohne Erfolg, reagiert wird, können sich die Spannungen zwischen Angebot und Nachfrage in der Wirtschaft verschärfen. Es gilt also, sich der Grenzen der Kreditpolitik und des Zusammenhangs, in den kreditpolitische Entscheidungen gestellt sind, bewußt zu sein. Die Zinspolitik ist nur ein Instrument der Kreditpolitik; zunächst sollen alle verfügbaren Instrumente kurz erläutert werden[5].

Im Nichtbankensektor werden laufend Zahlungen geleistet. Als Finanzierungsfaktoren dienen die vorhandene Geldmenge und zusätzliche Kredite der Banken an Nichtbanken. Ein Ansatzpunkt für die Kreditpolitik wäre die Steuerung und Kontrolle der Geldmenge, was insofern problematisch ist, als sich die Geldmenge aufgrund von in der Vergangenheit liegenden Transaktionen herausgebildet hat. Zudem sind die Nichtbanken in der Lage, „near money" in liquide Mittel umzuwandeln, wenn die Geldmenge vermindert wird. Demnach läßt sich die Geldmenge kurzfristig nur beschränkt manipulieren, so daß als Angriffspunkt für eine effiziente Kreditpolitik allein die Einflußnahme auf die Vergabe zusätzlicher Kredite bleibt, die bei der Veränderung des Zahlungsvolumens eine maßgebende Rolle spielen.

Köhler[6] stellt die Mittel und Einsatzbereiche der Kreditpolitik in einem Schema dar, das wegen der übersichtlichen Anordnung übernommen und um ein Instrument erweitert wird, das zwar umstritten, aber erwähnenswert ist (Direktgeschäfte der Zentralbank mit Nichtbanken): Schaubild 6.

Das Volumen der zusätzlichen Kreditgewährung läßt sich auf direktem und indirektem Weg beeinflussen.

Direkte Kreditpolitik heißt, daß die Zentralbank das zulässige Wachstum der zusätzlichen Kredite ex ante für einen Zeitraum bestimmt (Kreditplafondierung)[7]. Die Zentralbank kann als Kreditgeber auch allein auftreten (Direktkredite); sie übernimmt dann vollständig die Funktion der Banken.

Bei der Kreditplafondierung wird entweder ein absoluter Betrag oder ein auf eine Referenzperiode bzw. -stichtag bezogener Prozentsatz festgelegt, um den das Volumen der Kredite wachsen darf. Problematisch ist vor allem die Wahl der — zur wirtschaftlichen Aktivität im Nichtbankensektor — adäquaten Zuwachsrate der zusätzlichen Kredite

---

[5] Ausführlich bei Cl. Köhler: Orientierungshilfen für die Kreditpolitik, S. 23 ff. Die folgenden Gedanken sind dieser Schrift entnommen.

[6] Cl. Köhler: Orientierungshilfen für die Kreditpolitik, S. 24.

[7] Ausführlich bei Cl. Köhler: Geldwirtschaft, I. Band, Geldversorgung und Kreditpolitik, S. 244 ff.

und die Annahme über die im Banken- und Nichtbankensektor befindliche, frei verfügbare Geldmenge; beide — Zuwachsrate und Geldmenge — gilt es richtig zu antizipieren. Hat die Notenbank einen Kreditplafond bestimmt, steht sie vor dem weiteren Problem, den Plafond gegenüber den Kreditinstituten durchzusetzen: Die Institute können sich über die Anordnungen hinwegsetzen oder mit Nichtbanken Umgehungsgeschäfte vereinbaren.

Die indirekte Kreditpolitik sieht ihre Aufgabe darin, erstens den Umfang und zweitens die Verwendung liquider Mittel der Banken zu beeinflussen, um deren Angebot an Krediten zu reduzieren oder zu erweitern. Schaubild 6 enthält die dafür vorhandenen kreditpolitischen Instrumente[8]. Mit einer dritten Variante versucht die indirekte Kreditpolitik, das Verhalten von Investoren und Konsumenten zu steuern. Die Zentralbank ist bestrebt, damit auch die Nachfrage nach Krediten ihren Wünschen gemäß zu gestalten. Eines der Instrumente dieser Kategorie ist die moral-suasion — die kreditpolitische Deklaration (E. Schneider) —: Durch Appelle und Ermahnungen sollen die Nichtbanken veranlaßt werden, ihre Aktivitäten freiwillig nach dem konjunkturpolitischen Kurs auszurichten, den die Notenbank einschlägt. Der

Schaubild 6: Kreditpolitische Einflußmöglichkeiten

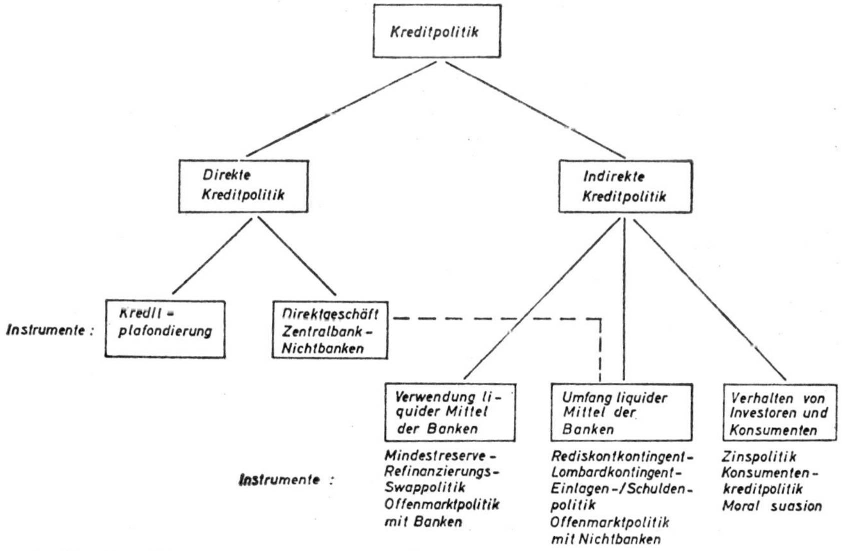

Quelle: Cl. Köhler, Orientierungshilfen für die Kreditpolitk, Berlin 1969, S. 24.

[8] Es sei auf deren Aufzählung und Würdigung zunächst verzichtet. Vgl. hierzu: E. Schneider: Einführung in die Wirtschaftstheorie, III. Band, 9. erweiterte und verbesserte Auflage, Tübingen 1965, S. 68 ff. und Cl. Köhler: Orientierungshilfen für die Kreditpolitik, S. 26 ff.

Erfolg der moral-suasion hängt ab von dem Ansehen, das die Zentralbank genießt, der Häufigkeit solcher Appelle und der Erwartung, ob die Notenbank ihren Ermahnungen notfalls mit zwangsweisen Maßnahmen Nachdruck verleihen wird[9].

Ein weiteres Instrument, das Verhalten von Nichtbanken, insbesondere das privater Haushalte zu beeinflussen, setzt die Zentralbank ein, wenn sie bei Konsumgüterkäufen, die mit Krediten finanziert werden, die Aus- und Rückzahlungsmodalitäten bestimmt. Will die Bank eine Kreditausweitung erschweren, erhöht sie die Selbstbeteiligungsquote der Nichtbanken, sowie die Tilgungsraten und vermindert die maximale Verschuldungsdauer; ist die Bank an einer Kreditausweitung interessiert, erleichtert sie die Kreditaufnahme durch entgegengesetzte Verordnungen. Die Konsumentenkreditpolitik verliert an Wirksamkeit, wenn private Haushalte Konsumgüter zu Lasten ihres Bargeldbestandes, ihrer Sicht- oder Spareinlagen kaufen.

Der Zinspolitik als drittem Instrument, um das Verhalten von Investoren und Konsumenten zu lenken, ist die größte Bedeutung zuzumessen. Auf die mit der Zinspolitik für die Zentralbank verbundene Möglichkeit, kreditpolitisch zu agieren, wird in den folgenden Abschnitten eingegangen.

2. Direkte und indirekte Zinspolitik

Die Notenbank kann Zinspolitik auf direktem und indirektem Weg betreiben. Alle kreditpolitischen Mittel, derer sie sich bedient, um Umfang und Verwendung der liquiden Mittel des Bankensystems zu beeinflussen, zeitigen einen Zinseffekt[10]. Dies soll als indirekte Zinspolitik bezeichnet werden. Zu dieser Art von Zinspolitik sei ein einfaches Beispiel gegeben: Die Zentralbank erhöht das Mindestreservesoll der Kreditinstitute und schränkt damit die Verwendung vorhandener liquider Mittel ein. Sofern die Institute nicht in ausreichendem Maß über liquide Anlagen, z. B. inländische Geldmarktpapiere, die gegen Zentralbankgeld zurückgegeben werden können, verfügen, sind sie unter Umständen gezwungen, Kredite nicht zu prolongieren, zugesagte Kredite zurückzunehmen oder Neuarrangements nur zu höheren Zinssätzen einzugehen, da die Nachfrage nach Krediten nicht mehr zu bedienen ist. Die höhere Mindestreserve kann also Banken veranlassen, ihre Aktivitäten im Kreditgeschäft zu drosseln und darüberhinaus die Sollzinssätze heraufzusetzen, um die Ertragslage zu stabilisieren, die

---

[9] Vgl. E. Schneider: Einführung in die Wirtschaftstheorie, III. Band, 9. erweiterte und verbesserte Auflage, S. 103.

[10] Vgl. E. Schneider: Einführung in die Wirtschaftstheorie, III. Band, 9. erweiterte und verbesserte Auflage, S. 119.

durch vermehrte zinslose Guthaben bei der Notenbank beeinträchtigt wird. Umgekehrt wirkt eine Senkung der Mindestreserven verflüssigend auf den Bankenapparat, so daß die Kreditzinsen zurückgehen können.

Bei der indirekten Zinspolitik reguliert die Notenbank in erster Linie die Bankenliquidität und wirkt in zweiter Linie auf die Marktzinssätze ein.

Für die hier angestellte Untersuchung interessiert mehr die direkte Zinspolitik, die sich auf die Veränderung des Diskontsatzes stützt. Die Zentralbank bestimmt den Zinssatz, zu dem sie Handelswechsel von Kreditinstituten zum Rediskont hereinnimmt und überläßt es den Instituten, veränderte Refinanzierungsbedingungen auf die Nichtbanken abzuwälzen. Die Notenbank kann aber auch das Niveau ausgewählter Zinssätze, die Kreditinstitute gegenüber Nichtbanken im Aktivgeschäft anwenden, direkt steuern: Die feste Koppelung der Kreditzinsen an den Diskontsatz erlaubte es der Deutschen Bundesbank bis zum 1. April 1967, den Banken Höchstsätze für Kontokorrent- und Wechseldiskontkredite vorzuschreiben. Nach der Zinsfreigabe ist eine direkte Zinspolitik nicht mehr möglich; die Bundesbank variiert zwar die Höhe des Diskontsatzes, muß es aber den Banken überlassen, wie sie darauf reagieren.

Die Zinspolitik wird konjunktur- und zahlungsbilanzorientiert eingesetzt[11]. Mit der konjunkturorientierten Zinspolitik will die Zentralbank Einfluß nehmen auf das Verhalten von Nichtbanken, die bei Banken Kredite nachfragen und Einlagen anbieten. Wenn es der Notenbank gelingt, über den Bankenapparat die Sollzinsen am Markt zu erhöhen, soll die Nachfrage von Unternehmen, privaten und öffentlichen Haushalten nach Krediten vermindert werden. Durch eine Erhöhung der Einlagenzinsen soll für die Nichtbanken ein Anreiz geschaffen werden, ihre finanziellen Mittel mehr zur Geldkapitalbildung als zum Konsum einzusetzen. Verhalten sich die Nichtbanken in der bezeichneten Weise, so erzielt die Notenbank mit der Zinserhöhung einen konjunkturdämpfenden Effekt. Umgekehrt soll eine Zinssenkung anregend auf die wirtschaftlichen Aktivitäten der Nichtbanken wirken.

Eine restriktive Zinserhöhung im Inland veranlaßt ausländische (inländische) Banken und Nichtbanken bei entsprechender Zinsdifferenz und konvertiblen Währungen Geld und Kapital zu exportieren (importieren). Der Zustrom der liquiden Mittel wirkt entgegen den Absichten der Notenbank, die konjunkturelle Entwicklung zu dämpfen, expansiv. Wenn keine den freien Geld- und Kapitalverkehr abschwächende (z. B. Swapsatzpolitik, zusätzliche Mindestreserve auf Auslandsverbindlichkeiten der Kreditinstitute) oder einschränkende (z. B. Devisenkontrol-

---

11 Vgl. Cl. Köhler: Geldwirtschaft, I. Band, Geldversorgung und Kreditpolitik, S. 300 f.

len) Maßnahmen getroffen werden, begrenzen die zufließenden Auslandsgelder die Effizienz der restriktiven, konjunkturorientierten Zinspolitik. Die Zentralbank kann sogar bei konvertiblen Währungen gezwungen werden, aufgrund der Devisenüberschüsse die Zinspolitik primär zahlungsbilanzorientiert einzusetzen. Um einen Anreiz zu schaffen, die liquiden Mittel zu reexportieren, senkt die Notenbank die binnenländischen Zinssätze unter das im Ausland herrschende Zinsniveau, wodurch auch weitere Geld- und Kapitalimporte abgewehrt werden. Die zinsbedingte Umkehr der monetären Ströme wird darauf hinwirken, daß die Zahlungsbilanz sich auszugleichen beginnt[12].

Umgekehrt wird eine expansive Zinspolitik, die konjunkturorientiert das binnenländische Zinsniveau herabzusetzen sucht, Geld- und Kapitalexporte induzieren. Der Entzug liquider Mittel wirkt im Inland tendenziell zinssteigernd und kann ein Volumen erreichen, das die Notenbank veranlaßt, zahlungsbilanzorientiert das binnenländische Zinsniveau dem auf ausländischen Märkten wieder anzugleichen. Wittgen[13] beschreibt die Grenzen einer konjunkturorientierten Zinspolitik der Deutschen Bundesbank: „Die internationale Zinssituation liefert dem deutschen Zinsniveau gewissermaßen die Großeinstellung. Sie bestimmt eine gewisse Spanne, innerhalb derer sich die deutschen Zinsen zumindest auf längere Zeit nur bewegen können, weil andernfalls zwischenstaatliche Geld- und Kreditbewegungen einsetzen, die das deutsche Zinsniveau dem internationalen wieder annähern, ... es handelt sich um den Bereich, innerhalb dessen die Bundesbank in der Lage ist, eine autonome, von Auslandseinflüssen unbehinderte Zinspolitik zu betreiben“.

Die Konflikte, die in der Doppelfunktion der Zinspolitik — konjunktur- und zahlungsbilanzorientiert — liegen, sind offenbar: Möglicherweise verlangt die binnenwirtschaftliche Entwicklung, das Zinsniveau anzuheben, um einer konjunkturellen Überhitzung entgegenzuwirken, die Zahlungsbilanzsituation erfordert dagegen zinssenkende Maßnahmen, da sich die Devisenüberschüsse mehren[14]. Hier kann die Zinspolitik allein auf sich gestellt keine binnen- und außenwirtschaftliche Gleichgewichtslage schaffen; sie stößt an die Grenzen ihrer Wirksamkeit. „Trotzdem wird eine Zentralbank versuchen, im Rahmen dieser (durch die Konvertibilität der Währungen bedingten, d. V.) Grenzen

[12] Vgl. Schweizerische Bankgesellschaft: Nationale Zinsstrukturen und internationales Zinsgefälle, Zürich, Februar 1970, S. 3; H. Rittershausen: Bankpolitik, Frankfurt/M. 1956, S. 145.

[13] R. Wittgen: Wer macht den Zins?, in: Der Volkswirt, Nr. 19, 8. Mai 1970, S. 44.

[14] Dies entspricht z. B. den Umständen, denen sich die Deutsche Bundesbank in den Jahren 1959/1961 gegenüber sah. Vgl. R. Stucken: Deutsche Geld- und Kreditpolitik, Tübingen 1964, S. 273 ff.

auf die Kreditnachfrage der inländischen Nichtbanken einzuwirken.[15]." Eine wesentliche Voraussetzung für die Effizienz der konjunkturorientierten Zinspolitik ist, daß sich die Nichtbanken bei der Mittelaufnahme und dem Mittelangebot durch Zinssenkungen und Zinserhöhungen beeinflussen lassen.

3. Effizienz der Zinspolitik in bezug auf das Verhalten der Nichtbanken

a) Mittelaufnahme der Nichtbanken

aa) Zinsreagibilität privater Investoren[16]

Unter Zinsreagibilität oder -empfindlichkeit ist die Verhaltensweise von Wirtschaftssubjekten zu verstehen, wenn sie mit Änderungen von Zinssätzen, allgemein mit einer Verschiebung des Zinsniveaus konfrontiert werden. „Die Kreditnehmer sind zinsempfindlich, wenn sich durch eine Zinssenkung die Nachfrage nach Fremdkapital erhöht oder im Gefolge einer Zinserhöhung die Nachfrage zurückgeht. Entsprechendes gilt für die Zinsreagibilität der Kapitalanbieter[17]."

Privaten Unternehmen, die Investitionen zur Erweiterung und Rationalisierung ihrer Anlagen oder den Ersatz von Produktionsmitteln planen, stehen zwei Wege offen, um die Vorhaben finanziell zu realisieren:

1. Sie greifen auf eigene Mittel zurück, die sie in vergangenen Perioden zu diesem Zweck angesammelt haben (Selbstfinanzierung).
2. Sie bedienen sich fremder Mittel, die ihnen von Kreditinstituten oder über andere Finanzierungsformen zur Verfügung gestellt werden (Fremdfinanzierung).

Bei der Fremdfinanzierung „haben die Unternehmen im wesentlichen vier Möglichkeiten, sich das für die Finanzierung der Investitionen erforderliche Kapital von anderen Wirtschaftssubjekten zur Verfügung stellen zu lassen. Es sind dies

a) die Aufnahme von Bankkrediten;
b) der Verkauf von festverzinslichen Schuldverschreibungen;

---

[15] Cl. Köhler: Geldwirtschaft, I. Band, Geldversorgung und Kreditpolitik, S. 301.

[16] Ausführlich bei E. A. Kaufmann: Die Zinsempfindlichkeit der Investitionen, Dissertation, Zürich 1967; C. Knetschke: Die Zinsreagibilität der industriellen Investition, Frankfurt/M. 1963.

[17] O. Hahn: Die Auswirkungen einer Diskonterhöhung auf die Rentabilität der Universalbanken, in: Sparkasse, Heft 1, 1967, S. 5.

c) die Aufnahme von Hypotheken;

d) der Verkauf von Aktien"[18].

Will die Notenbank die Investitionsentscheide der Unternehmen mit der Zinspolitik beeinflussen, wird sie je nach Finanzierungsart unterschiedliche Erfolge erzielen.

Investieren Unternehmen aus einem Bestand an eigenen Mitteln[19], hat die Zentralbank keine Möglichkeit, direkt auf die Investitionsplanungen und -entscheidungen einzuwirken[20]. Unternehmen haben allerdings die Wahl, bei einem hohen Zinsniveau auf Investitionen zu verzichten und ihre freien Mittel in Geldvermögen anzulegen oder bei einem niedrigen Zinsniveau statt in Geldvermögen eine Anlage in Sachgütern vorzunehmen.

Sind die Unternehmen ganz oder teilweise auf Fremd-, besonders Kreditfinanzierung angewiesen, ist die Notenbank grundsätzlich in der Lage, das Investitionsvolumen zu steuern, indem sie das Zinsniveau so verändert, daß zusätzliche Investitionen angeregt oder zurückgestellt werden. Um die Wirkung der hierzu dienenden zinspolitischen Maßnahmen abzuschätzen, soll auf Faktoren eingegangen werden, die die Zinsempfindlichkeit der Investitionen beeinträchtigen können[21]:

1. Motive, die zu einer Investition führen.

   Es werden z. B. dringende Investitionen vorgenommen, um den Betriebsablauf zu rationalisieren, um steigende Lohn- und Materialkosten aufzufangen oder um die Qualität der Produkte konkurrenzfähig zu halten.

2. Technischer Fortschritt.

   Aufgrund von Erfindungen und Weiterentwicklungen werden ständig Maschinen verbessert oder Produktionsverfahren verfeinert, die zu Kostensenkungen führen oder neue Absatzmärkte erschließen.

---

[18] J. Kromphardt: Bestimmungsgründe und Funktionen des Zinses im Wachstum, in: Zeitschrift für die gesamte Staatswissenschaft, 123. Band, 4. Heft, Oktober 1967, S. 645.

[19] Die Selbstfinanzierungsquote aller privaten Unternehmen in Deutschland betrug z. B. 1964 54 v.H. an der Gesamtfinanzierung, wobei für die darauffolgende Zeit mit einem sinkenden Trend gerechnet wurde. Vgl. Volkswirtschaftliche Studiengruppe der Amsterdam-Rotterdam Bank N.V., Deutsche Bank AG, Midland Bank Ltd., Société Générale de Banque S.A., Generale Bankmaatschappij N. V.: Europäische Kapitalmärkte, o. J., o. O., S. 30.

[20] Eine Umfrage ergab, daß Unternehmen die restriktive Zinspolitik der Deutschen Bundesbank im Jahre 1970 unterliefen, indem sie Investitionen aus 1968/1969 gebildeten Rücklagen finanzierten. Vgl. Investitionen bisher kaum gedrosselt, in: Frankfurter Allgemeine Zeitung, Nr. 146, 29. Juni 1970. Vgl. auch F. A. Lutz: Zinstheorie, Tübingen und Zürich 1956, S. 179.

[21] Vgl. E. A. Kaufmann: Die Zinsempfindlichkeit der Investitionen, S. 120 ff

3. Erwartungen über die konjunkturelle Entwicklung.

Unternehmen können insbesondere bei Erweiterungsinvestitionen darauf vertrauen, daß die öffentliche Hand Konjunkturrückschläge zu verhindern trachtet, so daß ausreichende Absatzchancen erhalten bleiben[22].

4. Steuerliche Faktoren.

Hier ist an die steuerlich zulässige Abschreibung und Sonderabschreibung auf Investitionen zu denken; ferner daran, daß Zinserhöhungen den ausschüttbaren Gewinn nur entsprechend der Höhe des Ertragssteuersatzes vermindern[23].

5. Methoden der Investitionsrechnung.

Bei den in der Literatur überwiegend zitierten Methoden der Investitionsrechnung (Kapitalwert-, Interne Zinsfuß-, Annuitätenmethode[24]) kommt es vor allem darauf an, einen Kalkulationszinsfuß zu ermitteln. Der Kalkulationszinsfuß setzt sich aus dem langfristigen Marktzinssatz und einem Zinssatz zusammen, der die mit der Investition verbundenen Risiken berücksichtigen soll. Dieser subjektive Risikozuschlag spiegelt wider[25]

a) die ungewisse wirtschaftliche Lebensdauer der Investitionen und

b) die unsicheren Erwartungen über die aus der Investition resultierenden zukünftigen Aufwendungen und Erträge.

Diskontiert man die Nettoeinnahmen mit dem Kalkulationszinsfuß und stellt dem Barwert die ursprünglichen Investitionskosten gegenüber, dann zeigt die Differenz, ob eine geplante Investition rentabel ist. Sofern die Nettoeinnahmen nur annähernd geschätzt werden können, ist bei der Frage, ob die Investition durchgeführt wird, der Ansatz des Kalkulationszinsfußes von entscheidender Bedeutung. Die Höhe des Kalkulationszinsfußes variiert bei gegebenem Marktzinssatz je nachdem, welcher Risikozuschlag gewählt wird. „Es scheint üblich zu sein, bei den Rentabilitätsberechnungen für geplante Investierungen einen Standardsatz zugrunde zu legen, der erheblich höher ist als der tatsächliche Zins, indem er einen Risikozuschlag enthält, der der Unternehmung zur Gewohnheit geworden ist und sich nicht mit den Veränderungen

---

22 Vgl. O. Veit: Grundriß der Währungspolitik, 3. Auflage, Frankfurt/M. 1969, S. 343.

23 Vgl. Cl. Köhler: Geldwirtschaft, I. Band, Geldversorgung und Kreditpolitik, S. 301.

24 Vgl. G. Wöhe: Allgemeine Betriebswirtschaftslehre, 6. Auflage, Berlin und Frankfurt/M 1965, S. 310 f.; E. Schneider: Wirtschaftlichkeitsberechnung, Theorie der Investition, 7. verbesserte und erweiterte Auflage, Tübingen und Zürich 1968, S. 22 f.

25 Vgl. A. E. Kaufmann: Die Zinsempfindlichkeit der Investitionen, S. 67 f.; G. N. Halm: Geld, Außenhandel und Beschäftigung, Berlin 1966, S. 139.

des Marktzinses ändert[26]." Legt man einen Standardsatz von z. B. 20 % zugrunde, der sich aus einem Risikozuschlag von 15 % und einem Marktzinssatz von 5 % zusammensetzt, so kann die Schwankung des Marktzinssatzes von 1 % oder 2 % die Höhe des Kalkulationszinsfußes nur unwesentlich beeinflussen. Ist aber der Risikozuschlag relativ niedrig gegenüber dem Marktzinssatz, z. B. 3 % in dem oben gewählten Beispiel, so wird dessen Veränderung die Höhe des Kalkulationszinsfußes merklich bestimmen. Investitionen, die ein begrenztes Risiko beinhalten, werden eher durchgeführt als Projekte, die einen gegenüber dem Marktzinssatz hohen Risikozuschlag erfordern.

Als zinsempfindlich können demnach Investitionen angesehen werden, wenn

1. die Nettorentabilität bei hohem Kapitalaufwand relativ gering angesetzt wird und
2. mit Sicherheit eine lange wirtschaftliche Lebensdauer zu erwarten ist.

Diese Bedingungen dürften vor allem bei Investitionen erfüllt sein, die dazu dienen, Kraftwerke und Schiffswerften zu errichten sowie Wohnungen und betriebliche Anlagen zu bauen[27]. Hier ist es der Zentralbank möglich, über die Änderung der Marktzinssätze das Investitionsvolumen zu steuern. Köhler[28] nennt dies den „Primäreffekt" zinspolitischer Maßnahmen.

Über den Kreis der direkt Betroffenen (Bau- und Investitionsgüterindustrie) hinaus berührt der Primäreffekt der Zinsänderung auch die Interessen der nicht vom Primäreffekt betroffenen Zulieferer- und Abnehmerfirmen[29]. Vermindern oder steigern die direkt Betroffenen ihre Investitionstätigkeit, schlägt sich das vor allem im Auftragseingang der Zulieferer nieder. Ohne daß die abhängigen Firmen selbst ausgesprochen zinsreagibel sind, müssen sie ihre Dispositionen faktisch nach

---

[26] F. A. Lutz: Zinstheorie, Tübingen und Zürich 1956, S. 179.

[27] „Die Elastizität der Gesamtnachfrage der investierenden Unternehmer nach Bankkrediten wird durch die Zinselastizität der Investitionen bestimmt. Diese ist nach den vorliegenden ökonometrischen Untersuchungen gering, mit Ausnahme der Investitionen in langfristige Kapitalgüter, wie Wohnbauten, Bürogebäude, Kraftwerke usw." J. Kromphardt: Bestimmungsgründe ..., S. 645. Vgl. auch: H. Ismer; G. Lange; H. von Schweinitz: Die Konsum- und Investitionsfunktion. Untersuchung für die Bundesrepublik Deutschland. Forschungsberichte des Landes Nordrhein-Westfalen, Nr. 1024, Köln und Opladen 1962, insbesondere Teil II, Kapitel III und IV; W. Lautenbach: Zins/Kredit und Produktion, Hrsg. W. Stützel, Tübingen 1952, S. 37; F. A. Lutz: Zinstheorie, Tübingen und Zürich 1956, S. 179.

Zur Zinsreagibilität im Bausektor vgl. Deutsches Institut für Wirtschaftsforschung: Die Zinsreagibilität im Wohnungsbau, Wochenbericht Nr. 48, 26. November 1965, S. 233 ff.

[28] Cl. Köhler: Orientierungshilfen für die Kreditpolitik, S. 40.

[29] Vgl. H. Rittershausen: Bankpolitik, S. 146.

den Zinsveränderungen ausrichten. Besonders dieser „Sekundäreffekt“[30] einer restriktiven oder expansiven Zinspolitik läßt die These plausibel erscheinen, mit der Zinspolitik könne die Konjunkturentwicklung beeinflußt werden.

Unternehmen von internationaler Bedeutung, anerkannter Bonität und unzweifelhafter Kreditwürdigkeit (Erste Adressen) erwägen bei relativ höherem nationalen Zinsniveau, sich ganz oder teilweise im Ausland zu verschulden. Wesentliche Voraussetzungen dafür sind neben dem erwähnten „standing“, daß bei Kreditaufnahmen in fremder Währung Kurssicherungs- und Transferkosten die Zinsdifferenz nicht kompensieren und die Zentralbanken keine Gegenmaßnahmen — z. B. Devisenkontrollen — ergreifen. Alle anderen, insbesondere mittlere und kleine Unternehmen, sind kaum in der Lage, auf ausländische Finanzierungsquellen zurückzugreifen; sie sind auf inländische Kreditquellen angewiesen und der dort betriebenen Zinspolitik unterworfen.

Als empirisches Beispiel für den immer wieder diskutierten Sachverhalt der Zinsreagibilität privater Investoren sei ein Teilergebnis einer Umfrage in der deutschen Maschinenbauindustrie aus dem Jahre 1967 angeführt. Ein Anliegen der Untersuchung war es, die Reaktion der Unternehmen auf die Diskonterhöhung um 1 % am 27. Mai 1966 in Hinsicht auf Investitionsentscheidungen zu ermitteln. Es stellte sich heraus, daß 52,9 v.H. der Befragten konkrete Investitionspläne wegen der veränderten Zinssituation nicht realisierten bzw. aufschoben[31].

Der Verband Deutscher Maschinenbau-Anstalten stellt zu diesem Ergebnis fest, daß offensichtlich ein enger Zusammenhang zwischen der Restriktionspolitik der Deutschen Bundesbank und den Investitionsentscheidungen der Unternehmen bestanden habe. Es komme aber hinzu, daß

a) die Bundesbank parallel zur Erhöhung des Diskontsatzes andere kreditpolitische Restriktionen eingeführt habe,

b) die politischen und haushaltsmäßigen Schwierigkeiten der Bundesregierung die zukünftige Konjunkturentwicklung ungewiß machten und

c) exportorientierte Unternehmen von der unüberschaubaren wirtschaftlichen Lage in den Hauptabnehmerländern irritiert wurden.

---

30 Vgl. Cl. Köhler: Geldwirtschaft, I. Band, Geldversorgung und Kreditpolitik, S. 302.

31 Vgl. Verein Deutscher Maschinenbau-Anstalten e.V., Ergebnisse der Umfrage über Zusammenhänge zwischen den Maßnahmen der Bundesbank und ihren Auswirkungen im Maschinenbau, Frankfurt/M., 30. März 1967, nicht veröffentlicht.

Zusammenfassend ist festzustellen, daß private Unternehmen in der Regel Investitionen nur zu einem gewissen Grade zinsempfindlich durchführen. Zinsreagibilität ist aber immer dann anzunehmen, wenn die Zinsänderung als eine wesentliche Komponente in das Investitionskalkül vor allem der kapitalintensiven Unternehmen eingeht (Bauindustrie, Energiewirtschaft: Primäreffekt). Die Notenbank beeinflußt darüber hinaus auch die Auftrags- und Ertragslage von Unternehmen, die von einer restriktiven oder expansiven Zinspolitik primär nicht betroffen werden (Sekundäreffekt).

bb) Zinsreagibilität öffentlicher Haushalte

Wie private Unternehmen bestreiten öffentliche Haushalte Ausgaben mit eigenen und fremden Mitteln. Wenn öffentliche Haushalte Steuereinnahmen, Erträge aus Dienstleistungen und Gewinne aus Kapitalvermögen einsetzen, um z. B. Investitionen zu finanzieren, beeinflußt die Zinspolitik der Zentralbank die Höhe der Ausgaben grundsätzlich nicht. Sind die Ausgaben höher als die Einnahmen, muß der Staat die Deckungslücke schließen, indem er Steuern erhöht und/oder die Preise für seine Dienstleistungen und Güter heraufsetzt und/oder Kredite aufnimmt. Muß sich die öffentliche Hand bei der Zentralbank, bei Banken oder am Kapitalmarkt verschulden, werden Zinsfragen bzw. Änderungen der Zinssätze für kurz-, mittel- und langfristige Mittel an Bedeutung gewinnen.

Die Bundesbank räumt der öffentlichen Hand Kreditlinien ein (Kassenkredite), deren Höhe gesetzlich fixiert ist[32]. Die Kredite dienen meist dazu, kurzfristige Defizite, z. B. bei fälligen Lohn-, Gehalts- und Rentenzahlungen zu überbrücken. Die Mittelaufnahmen haben als zinsunabhängig zu gelten, da die Ausgaben, zu deren Finanzierung sie dienen, nicht aufzuschieben sind.

Um kurz- und mittelfristige Ausgaben zu bestreiten, emittiert die öffentliche Hand Schatzwechsel, unverzinsliche Schatzanweisungen und Kassenobligationen. Den Zinssatz für Schatzwechsel und unverzinsliche Schatzanweisungen bestimmt in Deutschland die Zentralbank (Abgabesätze), während sich der Satz für Kassenobligationen nach Angebot und Nachfrage richtet (Tenderverfahren). Man kann annehmen, daß sich die öffentliche Hand bei der Entscheidung, in dieser Form Kredit aufzunehmen, nur in geringem Maß von den aufzuwendenden Zinsen beeindrucken läßt, wenn sie die Mittel zu fälligen Umschuldungen oder dringend zum Defizitausgleich benötigt. Liegt es dagegen in der Macht der Haushalte, den Zeitpunkt für solche Transaktionen selbst zu wählen, werden Zinsgesichtspunkte eher berücksichtigt werden.

---

[32] Vgl. Geschäftsbericht der Deutschen Bundesbank für das Jahr 1970, S. 135.

Langfristige Kredite erhält der Staat von Kreditinstituten oder durch Obligationen und Schuldscheindarlehen, die er über die Zentralbank und den Bankenapparat emittiert. Die öffentliche Hand begibt sich bei der Mittelaufnahme in Konkurrenz zu Nichtbankeninteressenten, so daß sich die Verzinsung, die sie anbietet, nach dem Marktzins zu richten hat. Wenn öffentliche Haushalte sich langfristig verschulden, ist eine unterschiedliche Reagibilität auf Schwankungen des Marktzinses zu erwarten. Verschulden sich die Haushalte z. B. um Konjunkturhilfeprogramme oder sofort notwendige Investitionen zur Infrastrukturverbesserung zu finanzieren, d. h. handelt es sich um kurzfristig erforderliche Maßnahmen, wird eine Änderung des Zinsniveaus keinen oder nur geringen Einfluß auf die Verschuldungswilligkeit ausüben. Sollen mit den Krediten aufschiebbare Umschuldungen oder gewinnorientierte Investitionen durchgeführt werden[33], so kann eine erwartete Zinssenkung die öffentlichen Haushalte veranlassen, die Mittelaufnahme zurückzustellen.

Entscheidend für die Zinsreagibilität im öffentlichen Bereich ist demnach vor allem, aus welchen Motiven Kredite aufgenommen werden, die Dringlichkeit anstehender Ausgaben und der Umfang der bereits vorhandenen Staatsschuld[34].

cc) Zinsreagibilität privater Haushalte

Private Haushalte investieren im Gegensatz zu privaten Unternehmen und öffentlichen Haushalten definitionsgemäß nicht; sie verschulden sich bei Kreditinstituten zu Konsum- und Spekulationszwecken. Praktisch werden dazu in Deutschland Überziehungs-, Konsum-, Kontokorrent- und Lombardkredite in Anspruch genommen.

Die Nichtbanken bedienen sich des Überziehungskredites, um z. B. kurzfristig auftretende Haushaltsdefizite zu überbrücken; der Kredit wird ohne Formalitäten in beschränktem Umfang gewährt und ist — sofern keine Kreditlinie besteht — mit einem Prozentsatz, der sich aus einem Sollzins- und einem Überziehungszinssatz zusammensetzt, zu verzinsen. Beim Konsumkredit verschulden sich private Haushalte je nach Einkommen in unterschiedlicher Höhe; die Mittel sind meist zweckgebunden, um Konsumgüter anzuschaffen und müssen nach einem Tilgungsplan einschließlich Zinsen zurückgezahlt werden. Für einen Lombardkredit verpfänden Wirtschaftssubjekte hinterlegbare Wert-

---

33 Bei Investitionen trifft das für die privaten Unternehmen Gesagte zu. Vgl. auch B. Tichy: Kreditpolitik ohne Mythos, Wien—Frankfurt—Zürich 1967, S. 171.

34 Vgl. dazu auch O. Hahn: Die Zinsempfindlichkeit der Kreditnehmer, in: Österreichisches Bankarchiv, Heft 10 und 11, Oktober und November 1967, S. 390 ff. bzw. 430 ff.

gegenstände — z. B. Aktien, Schuldverschreibungen und Lebensversicherungen. Ein Kontokorrentkredit kann blanko oder gegen Sicherheit gewährt werden; die Kredithöhe richtet sich nach der Bonität des Schuldners oder dem Liquiditätsgrad der Sicherheiten. Die Banken orientieren die Zinsen für die Kreditarten an dem Stand und den Veränderungen des Diskontsatzes; im Massengeschäft, worunter die Kreditvereinbarungen mit privaten Haushalten normalerweise fallen, sind Ausnahmen unüblich. Die Zentralbank hat es also grundsätzlich in der Hand, die Kreditnachfrage über die Diskontpolitik anzuregen oder zu dämpfen. Die zu entrichtenden Zinsen sind aber nur ein Gesichtspunkt bei der Entscheidung privater Haushalte, sich zu verschulden.

Es kommen folgende Faktoren hinzu:

a) Kreditnachfrage kann aus einer vorweggenommenen Einkommenssteigerung resultieren[35], wobei die Haushalte im wesentlichen interessiert, ob die Rückzahlungsraten tragbar sind.

b) Nichtbanken verschulden sich, um spekulativ Wertpapiere zu kaufen; sie werden daran festhalten, wenn nur — im Falle einer Zinserhöhung — der einkalkulierte Gewinn größer ist als die entstehende Zinsmehrbelastung. Eine Zinssenkung kann dann die Kreditnachfrage nicht anregen, wenn nach Meinung der Spekulanten die Zinsuntergrenze noch nicht erreicht ist[36].

c) Ein Teil der privaten Haushalte unterliegt psychologischen Hemmungen, die es ihnen nicht erlauben, finanzielle Verpflichtungen gegenüber dem Bankenapparat einzugehen.

Insgesamt kann privaten Haushalten eine Empfindlichkeit gegenüber Zinsveränderungen nicht abgesprochen werden, doch wird sie beeinträchtigt von Einkommenserwartungen, psychologischen und spekulativen Momenten, was eine wirksame Zinspolitik der Zentralbank erschwert.

b) Mittelanlage der Nichtbanken

Nichtbanken können liquide Mittel in Form von Banknoten und Münzen halten; sie können die Mittel auch bei Kreditinstituten verzinslich als Sicht-, Termin- und Spareinlagen anlegen.

Sichteinlagen bei Banken sind täglich fällig und werden unter den Einlagenkategorien mit dem niedrigsten Satz verzinst. Wirtschaftssubjekte benötigen die Einlagen zur technischen Abwicklung des Zahlungsverkehrs und als Barreserve. Diese Gründe für die Existenz von Sichteinlagen lassen erkennen, daß Zinsänderungen selten eine Reaktion der Konteninhaber hervorrufen: Die Einlagen sind praktisch zinsunempfindlich.

[35] Vgl. G. N. Halm: Geld, Außenhandel und Beschäftigung, S. 142.

[36] Vgl. W. Lautenbach: Zins/Kredit und Produktion, S. 68.

Termingelder sind den Nichtbanken nach Kündigung oder Fristablauf zurückzuzahlen und ihrer Anlagezeit und Höhe entsprechend zu verzinsen. Der Einlegerkreis umfaßt weniger private Haushalte, vielmehr öffentliche und private Kapitalsammelstellen, Gewerkschaften und private Unternehmen. Kapitalsammelstellen verfolgen Zinsveränderungen bei Termineinlagen genau: Sie sind besonders darauf angewiesen, aus ihnen zufließenden Mitteln einen maximalen Gewinn zu ziehen[37]. Gewerkschaften vertrauen Termingelder zwar ihnen nahestehenden Instituten an[38], werden aber mit Rücksicht auf eigene Interessen und die ihrer Mitglieder auf einer Verzinsung bestehen, die der anderer Kreditinstitute entspricht. Private Unternehmen halten Termineinlagen aus Liquiditäts- und Rentabilitätserwägungen. Die Einlagen werden normalerweise angesammelt, um Investitionen zu finanzieren und dienen als Reserve für umlaufende Betriebsmittel sowie unerwartete finanzielle Inanspruchnahme. Gleichzeitig sollen außerordentliche Erträge erwirtschaftet werden, die das Betriebsergebnis verbessern.

Insgesamt reagieren Nichtbanken, die für eine Anlage von Termingeldern in Frage kommen, zinsempfindlich. Wenn die Konditionen für Termineinlagen sinken, werden sie erwägen, die Einlagen abzuziehen, um z. B. Wertpapiere zu erwerben und umgekehrt. Voraussetzung ist, daß sich die Wertpapierrendite nicht parallel verändert.

Bei Spareinlagen läßt sich das nicht mit der gleichen Eindeutigkeit behaupten. Der Kreis der Kontensparer umfaßt überwiegend Privatpersonen[39], da öffentliche Haushalte, private Unternehmen und Kapitalsammelstellen nur unter bestimmten Voraussetzungen zu dieser Form der Mittelanlage zugelassen sind[40].

Um zu ermitteln, welchen Einfluß die Zinspolitik der Zentralbank auf das Sparverhalten privater Haushalte ausübt, soll zunächst auf die Motive eingegangen werden, die zu einer Spareinlage führen. Wissmann[41] nennt im wesentlichen zwei Sparziele:

---

37 Vgl. E. Aust: Der Wettbewerb in der Bankwirtschaft, S. 86.

38 Vgl. Jahresbericht des deutschen Sparkassen- und Giroverbandes e.V. 1968, S. 54.

39 Der Anteil der Privatpersonen an dem gesamten Sparaufkommen in der Bundesrepublik Deutschland betrug Ende Dezember 1969 91,5 v.H.
Quelle: Statistische Beihefte zu den Bundesbankberichten, Reihe I, Tabelle 5.

40 Vgl. Kreditwesengesetz 1961, § 21, Abs. 2 und 3.

41 B. Wissmann: Die Zinsempfindlichkeit der deutschen Sparer, Berlin 1960, S. 8. Neuere Untersuchungen bestätigen die für 1960 gültigen Sparziele und lassen die Rangfolge unter den Zielen erkennen. Vgl. Jahresbericht des deutschen Sparkassen- und Giroverbandes e.V. 1969, S. 24.

1. Vorsorge für Erwerbsunfähigkeit, Unglücksfälle und unerwartete monetäre Belastungen.

2. Guthabenbildung, um Anschaffungen zu finanzieren und Vermögen anzusammeln.

Dazu kommt, daß es privaten Haushalten oft an Markttransparenz bezüglich anderer Anlageformen mangelt oder daß psychologische und fachliche Hinderungsgründe solche Engagements ausschließen[42]. Es ist problemlos, ein Sparkonto zu eröffnen; die Sparanlage ist seit langem bekannt, erfordert keine Verhandlungen mit Kreditinstituten und bedarf keiner komplizierten Analysen — wie z. B. bei Aktientransaktionen.

Die Motive — Sparen zur Vorsorge und Guthabenbildung — zeigen, daß private Haushalte nur begrenzt aus Zinsüberlegungen sparen oder entsparen.

Nach einer empirischen Untersuchung über die Zinsreagibilität privater Haushalte sind ca. 90 v.H. der Sparer zinsunempfindlich während 10 v.H. bedingt auf Zinsveränderungen reagieren[43]. Vom Volumen der Einlagen her gesehen, interessieren sich Inhaber von Sparkonten bis zu 10 000,— DM nur wenig für die Höhe der Zinsen oder deren Entwicklung; erst bei größeren Guthaben spielen Zinsfragen eine Rolle[44]. Die empirische Untersuchung bestätigt, daß Zinsveränderungen die Sparentscheide bei der Masse der privaten Haushalte kaum beeinflussen[45]. Wenn die Zentralbank mit der Diskontpolitik Zinsänderungen am Bankeneinlagenmarkt durchsetzt, ist in der Regel nicht damit zu rechnen, daß private Haushalte sich bei sinkenden Konditionen z. B. der Wertpapieranlage oder bei steigenden Konditionen verstärkt der Spareinlage zuwenden.

II. Rentabilitätsgesichtspunkte im Bankenapparat

1. Bestimmungsgründe für die Rentabilität einer Universalbank

Die deutschen Universalbanken zeichnen sich dadurch aus, daß sie in ihrem Leistungssortiment die Übernahme sämtlicher banküblicher

[42] Vgl. Sparverhalten der privaten Haushalte, in: Zeitschrift für das gesamte Kreditwesen, Heft 16, 1970, S. 794 f.

[43] Vgl. B. Wissmann: Die Zinsempfindlichkeit der deutschen Sparer, S. 140.

[44] Ebenda, S. 98.

[45] Vgl. auch W. Paschke: Bestimmungsgründe des persönlichen Sparens, Berlin 1961, S. 143 ff.; G. Katona: Das Verhalten der Verbraucher und Unternehmer, Tübingen 1960, S. 95; G. Schmölders: Die sogenannte „Zinsempfindlichkeit" des Sparers, in: Zeitschrift für das gesamte Kreditwesen, Heft 15, 1961, S. 713 f.

Geschäfte anbieten[46]. Banküblich kann nicht als feststehender Begriff angesehen werden, da immer neue Dienstleistungen hinzukommen, die teils aus dem Bankenbereich selbst stammen (z. B. formalitätslose Überziehung von Gehaltskonten, Scheckkarte), teils den Kreditinstituten aus der außerbanklichen Sphäre aufgezwungen werden können (z. B. Gründung oder Beteiligung an Investmentsgesellschaften). Von Universalbanken sind solche Kreditinstitute zu trennen, die sich entweder nur einer Sparte der Banktätigkeit widmen (Spezialbanken, z. B. Teilzahlungskreditinstitute, Privatdiskont AG) oder deren Geschäftszweck gesetzlich geregelt ist (z. B. Kreditanstalt für Wiederaufbau).

Die Rentabilität eines Wirtschaftsunternehmens zeigt sich in dem Verhältnis zwischen dem in einer Periode erzielten Gewinn und dem eingesetzten Eigenkapital (Eigenkapitalsrentabilität)[47]. Das Eigenkapital setzt sich bei Aktiengesellschaften, der Rechtsform, in der die bedeutenden privaten Geschäftsbanken Deutschlands geführt werden, aus Grundkapital und offenen Rücklagen zusammen. Der Gewinn, den ein Unternehmen in einem Zeitraum erwirtschaftet, läßt sich aus der Differenz zwischen Ertrag und Aufwand bestimmen. Beide Größen beinhalten ordentliche (direkt der Tätigkeit des Unternehmens zuordenbare) und außerordentliche Erträge bzw. Aufwendungen.

Die Publizitätsvorschriften des Aktienrechts verlangen von Kreditinstituten, die als Aktiengesellschaften firmieren, Gewinn und Verlustrechnungen zu veröffentlichen. Daraus sind die Ertrags- und Aufwandsfaktoren sowie deren relative Bedeutung zu entnehmen:

- Wesentliche Ertragspositionen sind Zinsen und zinsähnliche Erträge aus Kredit- und Geldmarktgeschäften, Erlöse aus festverzinslichen Wertpapieren und Beteiligungen, Provisionen und andere Erträge aus Dienstleistungsgeschäften (Vermögensverwahrung, Bürgschaften und Avale, Beratungen).

- Wesentliche Aufwandspositionen sind Zinsen auf Einlagen von Banken und Nichtbanken, Abschreibungen und Wertberichtigungen, Löhne und Gehälter, Steuern.

Die Aufwands- und Ertragsfaktoren tragen je nach Bankengruppe unterschiedlich zum Gewinn bei. Private und öffentlich-rechtliche Kreditinstitute bezeichnen sich heute zwar als universell tätige Banken[48], waren aber ursprünglich Spezialbanken[49], was ihre Gewinn- und Ver-

---

[46] Vgl. H. J. Krümmel: Bankzinsen, S. 11.

[47] Vgl. G. Wöhe: Allgemeine Betriebswirtschaftslehre, 6. Auflage, S. 526.

[48] Vgl. N. Loos: Die Marktpolitik der Kreditinstitute, Stuttgart 1969, S. 1, Fußnote 2 und die dort angegebene Literatur.

[49] Für Einzelheiten vgl. Bundestagsdrucksache V/3500, S. 24 ff.

lustrechnungen prägte und sich erst in jüngerer Zeit zu verwischen beginnt[50].

Als Beispiel seien Auszüge aus der Gewinn- und Verlustrechnung einer Sparkasse[51] und von Großbanken[52] angeführt:

Erträge (in v.H.)	Großbanken	Sparkasse
Zinserlöse (ohne Hypotheken)	70	80
Erträge aus Wertpapieren, Beteiligungen	10	—
Erträge aus Hypotheken	—	15
Provisionen, andere Erträge	20	5
Aufwand (in v.H.)	**Großbanken**	**Sparkasse**
Zinsaufwand	45	50
Gehälter und Löhne	25	15
Sachaufwand	10	10
Steuern	5	5
Sonstiger Aufwand	15	20

Da die Sparkassen den vergleichsweise größten Anteil aller Nichtbankeneinlagen auf sich vereinigen[53], dominiert die Position Zinsaufwand bei den Aufwendungen. Bei den Großbanken sind die Proportionen etwas verschoben, aber auch hier überragen die Zinsaufwendungen die restlichen Positionen deutlich.

Die Aufwands- und Ertragsstruktur in den aufgezeigten Relationen ist annähernd auf die Mehrzahl der Kreditinstitute Deutschlands übertragbar[54], so daß davon auszugehen ist, daß die Rentabilitätslage der Institute zu einem großen Teil von dem Zinsertrag bzw. Zinsaufwand bestimmt wird.

2. Die Zinsspanne

Die Differenz zwischen Zinsertrag und -aufwand wird als Zinsspanne bezeichnet. Diese allgemeine Definition liegt allen Zinsspannenrechnungen zugrunde. Unterschiede in den Berechnungsmethoden liegen darin, daß der Zinsaufwand oder -ertrag anders abgegrenzt wird, oder die

[50] Vgl. K. F. Hagenmüller: Die Bestimmungsfaktoren preispolitischer Autonomie bei Kreditinstituten, in: Geld, Kapital und Kredit, Hrsg. H. E. Büschgen, Stuttgart 1968, S. 158.

[51] Die gerundeten Zahlen beziehen sich auf die Gewinn- und Verlustrechnung der größten deutschen Sparkasse, der Hamburger Sparcasse von 1827 für das Jahr 1969.

[52] Die gerundeten Zahlen beziehen sich auf die Gewinn- und Verlustrechnung der Deutschen Bank AG, Dresdner Bank AG und der Commerzbank AG für das Jahr 1969.

[53] Vgl. Beihefte zu den Monatsberichten der Deutschen Bundesbank, Reihe 1, Bankenstatistik nach Bankengruppen.

[54] Vgl. R. Graf: Die Finanzpolitik der Kreditbanken, Dissertation, München 1967, S. 76 ff.

Bezugsbasis differiert. Aus der Reihe der Berechnungsmethoden sei auf zwei Möglichkeiten[55] eingegangen:

1.

Ertragszinsen	(Debitorenzinsen, Diskontzinsen, Zinsen aus Geld- und Kapitalmarktanlage, kalkulatorische Zinsen, zinsähnliche Provisionen)
in v.H. der Bilanzsumme	
./.	
Aufwandszinsen	(Zinsen für sämtliche Einlagen und Refinanzierungsmittel, zinsähnliche Provisionen, kalkulatorische Zinsen auf Eigenkapital)
in v.H. der Bilanzsumme	
= Bruttozinsspanne (in v.H. der Bilanzsumme)	
./.	
Bedarfsspanne	(Kompensation von innerbetrieblichen Aufwendungen und Erträgen)
in v.H. der Bilanzsumme	
= Nettozinsspanne (in v.H. der Bilanzsumme)	
plus/minus	
außerordentliche Rechnung	(Kompensation des außerordentlichen Aufwands und Ertrags)
in v.H. der Bilanzsumme	
= Gewinnspanne (in v.H. der Bilanzsumme)	

Da bei dem Verfahren Zeitraumgrößen (Aufwendungen und Erträge) auf eine Zeitpunktgröße, die Bilanzsumme, bezogen werden, ist eine durchschnittliche Bilanzsumme zu ermitteln, die anhand von Wochen-, Monats- oder Halbjahrsbilanzen berechnet wird. Außerdem müssen bei der Bilanzsumme die stillen Reserven berücksichtigt und in der Gewinn- und Verlustrechnung Kompensationen von Aufwands- und Ertragspositionen rückgängig gemacht werden, um eine aussagefähige und mit früheren Perioden vergleichbare Zinsspanne zu erhalten.

2. Zu sämtlichen Aktivpositionen der Bilanz werden an einem Stichtag (Jahres-, Monatsultimo) durchschnittliche Zinssätze ermittelt und mit dem Volumen der Bilanzposten gewichtet. Diese Zahlen sind zu addieren und durch die Bilanzsumme zu dividieren. Das Ergebnis gibt den durchschnittlichen Zinssatz im Aktivgeschäft wieder; Barmittel bleiben unverzinst. Mit den Posten der Passivseite wird entsprechend verfahren; das Eigenkapital und die Sammelwertberichtigungen wer-

[55] Zu 1: Vgl. K. F. Hagenmüller: Die Zinsspannenrechnung im Kreditgewerbe, in: Der Volkswirt, Nr. 42, 20. Oktober 1967, Beiheft „Geld und Kredit", S. 16.
Zu 2: Schema der Deutschen Bundesbank.
Eine größere Auswahl der Berechnungsmethoden gibt P. Stampfli: Zinsspanne und Zinsspannenrechnung im Kreditgewerbe, Bern 1955, S. 39 ff.

den nicht verzinst. Die Differenz zwischen dem durchschnittlichen Zinssatz der Aktiv- und Passivseite bildet die Zinsspanne.

Ein schematisches Beispiel soll die Rechnung verdeutlichen[56]:

	Geld-einheiten (GE)	Durchschn. Zinssatz (∅ Z)	GE × ∅ Z
Aktiva			
1. Kassenbestand, Guthaben bei der Landeszentralbank und Postscheckämtern	10	—	—
2. Wechsel und Forderungen an Banken	35	5	175
3. Forderungen an Nichtbanken	55	7	385
	100		560
Passiva			
1. Verbindlichkeiten gegenüber Kreditinstituten	20	3	60
2. Verbindlichkeiten gegenüber anderen Gläubigern	75	4	300
3. Grundkapital, offene Rücklagen, Gewinn	5	—	—
	100		360

Die Differenz zwischen dem durchschnittlichen Zinssatz der Aktivseite (5,6 %) und dem durchschnittlichen Zinssatz der Passivseite (3,6 %) ergibt eine Zinsspanne von 2 %.

Da die Zinsspanne in der Praxis unterschiedlich interpretiert wird, bei quantitativen Angaben nie etwas über die Art der Berechnung verlautet und alle Kreditinstitute gerade diese Ziffer geheimhalten, läßt sich wenig über die Höhe einer allgemein gültigen Zinsspanne im deutschen Kreditgewerbe aussagen. Die folgenden Werte bieten dazu lediglich Anhaltspunkte; sie beziehen sich auf Kreditbanken und enthalten die Veränderungen der Zinsspanne nach 1950 nur unvollständig[57]:

[56] Nach diesem System informiert ein Teil der deutschen Kreditinstitute die Bundesbank über die Höhe der individuellen Zinsspanne. Die Institute erhalten dafür die durchschnittliche Gesamtziffer der Bankengruppe, der sie angehören, und können so auf ihre Stellung im Wettbewerb und ihre relative Ertragskraft schließen.

[57] Vgl. Jahresbericht des Bundesverbandes des privaten Bankgewerbes e.V. 1960, S. 48; W. Marx: Zinsspannen privater Kreditbanken, in: Der Volkswirt, Nr. 42, 20. November 1967, Beiheft „Geld und Kredit", S. 25 f.; Der verschärfte Wettbewerb hat die Zinsspanne reduziert, in: Frankfurter Allgemeine Zeitung, Nr. 213, 12. September 1968.

Weitere quantitative Einzelheiten finden sich bei R. Graf: Die Finanzpolitik der Kreditbanken, S. 78 f.

Zeitraum	Zinsspanne	Bemerkung
1950/51	Mehr als 3 %	Restriktive Maßnahmen der Bank deutscher Länder
1952—1961	unter 3 %, bis 2,5 % abfallend	Expansive und restriktive Kreditpolitik
1961—1964	zwischen 2,5 % und 2,0 %	Expansive Kreditpolitik
1965/66	über 2,5 %	Restriktive Maßnahmen der Deutschen Bundesbank
1966—1969	zwischen 2,5 % und 2,0 %	Expansive Kreditpolitik

Will man den Einfluß der Zinsfreigabe auf die Rentabilitätslage (Zinsspanne) der Kreditinstitute sichtbar machen, müssen Bilanzen vorliegen, in denen die Aktiv- und Passivseite ausreichend untergliedert sind; außerdem werden die dazugehörigen Volumina und durchschnittliche Zinssätze benötigt. Da derartige Unterlagen fehlen, ist eine Teilzinsspanne zu definieren; sie wird nach dem Schema der Deutschen Bundesbank berechnet und umfaßt die statistisch zugänglichen Kredit- und Einlagekategorien:

Zinserträge aus Kontokorrent- und Wechseldiskontkrediten abzüglich Zinsaufwendungen für Spareinlagen mit gesetzlicher und 12- bis unter 48monatiger Kündigungsfrist sowie für Termineinlagen mit 3- bis unter 6monatiger Laufzeit.

Mit Hilfe der Teilzinsspanne wird die Frage zu beantworten sein, welche Auswirkungen die Zinsliberalisierung auf die Rentabilitätslage der Kreditinstitute hatte: Punkt E II 1 a.

III. Die Verhandlungsposition der Nichtbanken gegenüber Banken

Die Nichtbanken stehen den Kreditinstituten sowohl am Bankeneinlagen- als auch am Bankenkreditmarkt als Geschäftspartner gegenüber. Ziel der Nichtbanken ist es, aus einer Bankverbindung den größtmöglichen Nutzen zu ziehen. Am Bankeneinlagenmarkt werden sie normalerweise mit dem Institut kontrahieren, dessen Konditionen bei gleichzeitig als sicher angesehener Rückzahlung der Einlagen am höchsten sind. Am Bankenkreditmarkt werden die Nichtbanken versuchen, sich bei dem Institut zu verschulden, das neben einer fundierten Beratung in allen Finanzierungsfragen die niedrigsten Sollzinsen berechnet. Ziel der Banken ist es, im Aktivgeschäft den Ertrag zu maximieren, im Passivgeschäft den Aufwand zu minimieren. Von den großen Gruppen der Universalbanken, die in Deutschland miteinander im Wettbewerb stehen, handeln die Kreditbanken (ohne Rücksicht auf die Gesellschaftsform) nach dem Gewinnmaximierungsprinzip[58]. Wenn entsprechend Gesetz oder Satzung Sparkassen und Genossenschaftsbanken nicht nach diesem Prinzip wirtschaften, so kann es ihnen aber faktisch unterstellt werden: „Der beste Maßstab zur Messung der Leistung der Sparkassenleitung ist der Gewinn“[59], während bei Genossenschaftsbanken „die ‚Förderung des Erwerbs und der Wirtschaft der Mitglieder‘ zwangsläufig auf die Anwendung des gewinnmaximalen Prinzips hinausläuft“[60].

Nichtbanken und Banken können ihre Zielvorstellungen in unterschiedlichem Maß durchsetzen. Die Verhandlungsposition der Beteiligten differiert je nachdem, ob es sich um das Massen- oder das Individualgeschäft handelt[61].

Im Massengeschäft hat sich eine begrenzte Anzahl von Banken oder Bankengruppen mit einer Vielzahl von Nachfragern nach Bankleistungen auseinanderzusetzen. Für diese Nichtbanken ist charakteristisch, daß sie

a) keine oder nur geringe Markttransparenz besitzen[62]. Es ist den Nichtbanken im allgemeinen nicht möglich, über unterschiedliche Einlagen- und Kreditzinsen unterrichtet zu sein, da Banken gerade von Normalkonditionen abweichende Zinssätze geheimhalten. Bei der großen Zahl von Dienstleistungen, die auch noch von Bank zu Bank variieren, können sich die Nichtbanken kaum ein Urteil darüber bilden, ob die angebotene Leistung dem geforderten Preis entspricht.

b) örtlichen und persönlichen Präferenzen unterliegen[63]. Es erspart Mühen und Kosten, eine Bankverbindung in der Nähe der Wohnung

---

[58] Vgl. Bundestagsdrucksache V/3500, S. 35; O. Fischer: Bankbilanzanalyse, Meisenheim/Glan 1956, S. 40.

[59] H. J. Krümmel, Bankzinsen, S. 190; vgl. auch H. Heubaum: Das kreditpolitische Instrumentarium der Deutschen Bundesbank unter dem Gesichtspunkt seiner Auswirkungen auf den Wettbewerb im Kreditgewerbe, Dissertation, Aachen 1964, S. 10 ff.

Demgegenüber stellt die Bundesregierung fest, Sparkassen und Genossenschaftsbanken seien mehr daran interessiert, das Bilanzvolumen auszuweiten als Gewinne zu erwirtschaften. Vgl. Bundestagsdrucksache V/3500, S. 35.

[60] H. J. Krümmel: Bankzinsen, S. 188 f.

[61] Krümmel nimmt eine Dreiteilung vor: Die Banken stehen Nichtbanken ohne, mit mäßiger und mit überragender Verhandlungsmacht gegenüber. Vgl. H. J. Krümmel: Bankzinsen, S. 233. Die hier gewählte Zweiteilung läßt die grundsätzlichen Positionen ebenso erkennen.

[62] Ausführlich bei K. F. Hagenmüller: Die Bestimmungsfaktoren preispolitischer Autonomie bei Kreditinstituten, S. 166 ff.

[63] Vgl. K. F. Hagenmüller: Die Bestimmungsfaktoren preispolitischer Autonomie bei Kreditinstituten, S. 160 ff. Hagenmüller verweist zusätzlich auf sachliche Präferenzen, die aus der Ausstrahlung einer modernen Geschäfts-

oder des Arbeitsplatzes zu haben. Durch persönliche Kontakte fühlen sich Nichtbanken an die Ausführungsorgane eines Kreditinstitutes und damit an das Institut als solches gebunden.

c) das Gesamtangebot der Bankleistungen nur teilweise beanspruchen und insgesamt geringere Umsätze tätigen als Großkunden.

d) zwar die Bankverbindung wechseln können, aufgrund ihrer fehlenden Verhandlungsmacht aber kaum erwarten dürfen, dann besser gestellt zu werden.

Für die Lage der Kreditinstitute im Massengeschäft ist bezeichnend, daß

a) es sich bei einer ständig steigenden Zahl von Geschäftsvorfällen aus Kostengründen nicht lohnt, mit Massenkunden über Zinsen, Gebühren und ähnliches zu verhandeln.

b) die Leistungen, die für das Massengeschäft in Frage kommen, weitgehend standardisiert sind, um den Bankbetrieb zu rationalisieren. Ein Abweichen von der Norm würde den Rationalisierungsgewinn vermindern und die Kosten überproportional steigern.

c) es den Instituten auch aus personellen und räumlichen Gründen nicht möglich ist, sich mit einer Vielzahl von Kunden einzeln auseinanderzusetzen.

Kurzgefaßt stellen sich die Beziehungen zwischen Banken- und Nichtbanken im Massengeschäft so dar: Kreditinstitute bestimmen die Konditionen, zu denen sie bereit sind, mit Nichtbanken zu kontrahieren. Es bleibt diesen nur die Wahl, die Bankofferten anzunehmen oder abzulehnen[64]. Stehen die Sollzinssätze als Höchstsätze in einer Relation zum Diskontsatz der Zentralbank, gelten sie für die Massenkunden als Normalkonditionen.

Eine andere Ausgangsposition haben Nichtbanken mit Verhandlungsmacht, wenn sie mit Banken Kontakt aufnehmen[65]:

— Ihre Bonität, Kredite zurückzuzahlen oder zugesagte Einlagen bereitzustellen, ist im allgemeinen gegeben.

— Sie ermöglichen den Banken im Gegensatz zu Massenkunden den Absatz besonders lukrativer Dienstleistungen (z. B. Emissionsgeschäft).

ausstattung, der Güte der Beratung und aus Nebenleistungen, die Kreditinstitute erbringen, resultieren. Es werden auch zeitliche Präferenzen der Nichtbanken erwähnt, die aus einer raschen Abwicklung der Bankgeschäfte entstehen können.

64 Vgl. H. J. Krümmel: Bankzinsen, S. 233.

65 Vgl. H. J. Krümmel: Bankzinsen, S. 231.

— Gestützt auf Bonität und Leistungsabnahme können sie zu einem anderen Kreditinstitut wechseln; zumindest hat dies als Argument Gewicht, wenn es gilt, günstigere Bedingungen zu erreichen.
— „Ersten Adressen" steht es frei, sich mit Kreditwünschen an ausländische Kreditinstitute und Kapitalmärkte zu wenden oder dort Mittel anzulegen. „Erste Adressen" sind in der Lage, zwischen mehreren Finanzierungsquellen zu wählen: Sich bei Banken zu verschulden, Aktien zu emittieren (Aktiengesellschaften), Obligationen auszugeben oder Schuldscheindarlehen aufzunehmen.

Die Verhandlungsmacht potenter Nichtbanken zwingt Kreditinstitute, über deren Wünsche zu diskutieren und sie ggf. zu akzeptieren, da die Institute umsatz- und gewinnmäßig bestrebt sind, ein ganzes Bündel von Leistungen abzusetzen[66]. Allen Banken ist bekannt, daß Konkurrenzinstitute gerade diese Kunden umwerben[67], so daß sich Zugeständnisse bei Konditionen, zusätzliche kostenlose Dienstleistungen, günstigere Wertstellungen z. B. im Scheck- und Lastschriftverkehr neben einer persönlichen Pflege der Geschäftsbeziehungen nicht vermeiden lassen. Kreditinstitute werden die Mindererträge, die Konzessionen hervorrufen, der ertragssteigernden Kapazitätsauslastung gegenüberstellen, die auf die Abwicklung sämtlicher finanzieller Transaktionen für einen Großkunden zurückzuführen ist, sowie den relativen Gewinnanteil, der aus Großgeschäften resultiert, abschätzen und danach ihr Entgegenkommen dosieren. Zinszugeständnisse gegenüber Nichtbanken mit Verhandlungsmacht sind im Rahmen einer Mischkalkulation vertretbar, wenn dadurch deren Abnahme von Bankleistungen gesichert oder gesteigert wird.

Das Verhältnis der Banken zu potenten Nichtbanken ist als eine Auseinandersetzung meist gleichberechtigter Partner anzusehen; die Lage der Nichtbanken ist gegenüber dem Massengeschäft aufgewertet; Banken sind nicht mehr fähig, Daten zu setzen und auf Annahme oder Ablehnung zu warten. Für die später zu beantwortende Frage, ob die Zinsfreigabe Wesentliches an den geschilderten Positionen der Banken und Nichtbanken geändert hat, bleibt festzuhalten, daß von der Struktur des Marktes aus gesehen, es vor allem Machtfaktoren sind, die entscheiden, wer über Konditionen verhandeln kann und wer einseitig festgelegte Bedingungen akzeptieren muß[68].

---

[66] Vgl. P. Lauer: Leistungskoppelung im Bankbetrieb, Dissertation, Hamburg 1964, S. 206 ff.

[67] Vgl. W. Stützel: Bankpolitik heute und morgen, Textziffer 118, S. 56.

[68] Stützel formuliert: „Vom Großkunden ist die Bank abhängig, der Kleinkunde ist von ihr abhängig."
W. Stützel: Bankpolitik heute und morgen, Textziffer 118, S. 56.

D. Thesen zu den Auswirkungen der Zinsliberalisierung

I. Auswirkungen auf die Zentralbank

1. Beeinträchtigung der Diskontpolitik

Um Anhaltspunkte für die Auswirkungen der Zinsliberalisierung zu finden, die es für die Zeit nach 1967 zu überprüfen gilt, sollen verschiedene Ansichten thesenartig zusammengestellt werden, welche vor der Freigabe der Zinsen mögliche Folgen dieses Schrittes prognostizierten.

Besonders heftig stritt man darüber, ob ohne Zinsbindung die Wirksamkeit der Zinspolitik der Zentralbank beeinträchtigt würde. Köhler[1] erklärt zum Zeitpunkt der Liberalisierung: „Gewollte Zinsänderungen der Bundesbank werden nicht mehr sofort, wenn überhaupt auf die Nichtbanken durchschlagen." An anderer Stelle schränkt er ein: „Vielleicht sind die Banken bereit, bei Diskonterhöhungen ihre Sollzinsen auch sofort anzuheben; es muß befürchtet werden, daß es bei Diskontsenkung länger dauert, bis die Sollzinsen folgen[2]." Ähnlich sieht Janberg[3] die Situation: „Alle die Geldmenge unmittelbar regulierenden Instrumente der Zentralbank wirken nur mittelbar und mit zeitlicher Verzögerung auf das Kreditvolumen der Geschäftsbanken ein, während die Zinsvorschriften sofort die Nachfrage anregen oder zurückdrängen können." Die Argumentation läuft darauf hinaus, daß Kreditinstitute nach der Zinsliberalisierung nicht mehr gezwungen sind, die Sollzinsen zeitlich und quantitativ den Diskontbewegungen anzupassen; eine gezielte, ad hoc wirkende Änderung der Marktzinsen ist unmöglich; ein geringerer Einfluß der Notenbank auf das Verhalten der Nichtbanken ist zu befürchten.

Auch auf die Habenzinsregelung könne man nicht verzichten, da „... Habenzinsänderungen sowohl im Falle der Kreditexpansion wie

---

1 Cl. Köhler: Liquiditätsversorgung und Kreditpolitik, Vortrag gehalten vor der Stadtschaft der Mark Brandenburg, Berlin, 7. April 1967, unveröffentlicht.

2 Cl. Köhler: Die Kreditpolitik lockert die Bremsen, in: Wirtschaftswissenschaftliche Mitteilungen, März 1967, S. 65.

3 H. Janberg: Freiheit für Bankzinsen?, in: Zeitschrift für das gesamte Kreditwesen, Nr. 1, 1966, S. 26.

Kreditkontraktion dazu führen, erstarrte Marktverhältnisse ... zu beleben"[4]. Das Bundesaufsichtsamt für das Kreditwesen bestimme die Höhe der Einlagenzinsen im Einvernehmen mit der Bundesbank, so daß diese ihre Ansichten vertreten und auf deren Durchsetzung dringen könne[5]. Dem Einfluß der Zentralbank auf das Habenzinsniveau komme darüber hinaus eine intakte Sollzinsregelung entgegen: Die Verbände des Kreditwesens akzeptierten eher eine Veränderung ihrer Passivkonditionen, wenn auch die Sätze im Aktivgeschäft modifiziert würden[6].

Die Interdependenz zwischen Soll- und Habenzinsen zeigt sich ebenso darin, daß veränderte Einlagensätze das Durchschlagen erhöhter oder gesenkter Sollzinssätze verstärken: „... die Habenzinsregelung kann allein oder zusammen mit einer entsprechenden Sollzinsregelung zur Unterstützung kreditpolitischer Maßnahmen dienen. Da die Habenzinsen als Geldbeschaffungskosten sich auf die Höhe der Sollzinsen auswirken, wird ihre Manipulation mittelbar die Kreditkosten beeinflussen"[7]. Mit der Zinsliberalisierung fällt also der über die Zinsspanne auf die Kreditinstitute ausgeübte Druck, in Zeiten einer restriktiven Kreditpolitik Minderkonditionen verstärkt abzubauen und Zinsgleitklauseln in Kreditverträge aufzunehmen — beides Maßnahmen, die bei gebundenen Zinssätzen die Effizienz der Notenbankpolitik steigern.

Positive Aspekte im Gefolge einer Zinsfreigabe stellt der Wissenschaftliche Beirat in seiner Stellungnahme zu Fragen staatlicher Zinsregulierung heraus. Als Quintessenz heißt es: „Für die Sollzinsen erscheinen bei einer wirksamen Kombination von Diskont- und Liquiditätspolitik der Notenbank weder Höchst- noch Mindestsätze erforderlich[8]." Der Beirat sieht folgenden Nachteil der Sollzinsregelung: „... es werden einigen Kreditnehmern ... niedrigere (als die nach der Zinsverordnung maximal zulässigen, d. V.) Sollzinssätze gewährt. Dies könnte in Zeiten einer restriktiven Kreditpolitik als Nachteil angesehen werden, weil das sofortige Durchschlagen einer Diskonterhöhung auf die Konditionen der Bankkredite gehemmt wird." Der Beirat erwartet, daß „im Falle einer Zinsfreigabe dieser Zuschlag (zum Diskontsatz, d. V.) je nach Marktlage frei vereinbart werden könnte; insbesondere könnten den unterschiedlichen — und ggf. sich im Laufe der Zeit ändernden — Risiken der einzelnen Kredite unbeschränkt Rechnung

[4] H. Janberg: Freiheit für Bankzinsen?, S. 26.

[5] Ebenda.

[6] Ebenda.

[7] Amtliche Begründung zu § 23 Kreditwesengesetz 1961, in: L. Schork: Gesetz über das Kreditwesen, S. 90.

[8] Vgl. Stellungnahme des Wissenschaftlichen Beirats, Textziffer 15.

getragen werden"[9]. Die Zinsliberalisierung versetzt Kreditinstitute demnach in die Lage, mit einem ungebundenen Zuschlag zum Diskontsatz die Bonität der Kreditnehmer besser zu würdigen, wodurch der Zinspolitik der Zentralbank eine erhöhte Durchschlagskraft verliehen wird.

Der Beirat kritisiert gleichfalls die Habenzinsregelung: „Eine der Folgen einer unrealistischen Festsetzung der Habenzinsen besteht darin, daß tendenziell ein immer größerer Teil des Kreditgeschäftes sich außerhalb des Bankensystems abspielt (Industrie-clearing). Nachteilig ist dies, ... weil die Wirksamkeit der Mindestreservepolitik damit beeinträchtigt wird[10]." Falls die Habenzinsregelung aufgehoben würde, ließen sich weitere, unerwünschte Nebenwirkungen vermeiden: „Wenn die Habenzinssätze ... den Marktgegebenheiten nicht entsprechen, führt dies zu Umgehungsversuchen (z. B. graue Habenzinsen, Pensionsgeschäfte mit höher verzinslichen Wertpapieren)[11]."

Darüber hinaus befürwortet der Beirat[12] die Aufhebung der Habenzinsregelung, weil der Zinssatz am Kapitalmarkt dann einfacher zu steuern wäre: „Eine durch die Freigabe der Zinsen erzielte Erhöhung der Zinsen für Spareinlagen würde die ... Wirkung haben, daß bei restriktiver Kreditpolitik die Banken und Sparkassen ihre Mittel langfristig nur zu einem höheren Zinssatz anlegen können. Auch der von einer Erhöhung des Spareinlagenzinses ausgehende Anreiz, aus der Wertpapieranlage in die Bankeinlage umzusteigen, könnte das Übergreifen der Zentralbankpolitik auf den langfristigen Kapitalmarktzins unterstützen. Bei einer expansiven Zentralbankpolitik würde die von der Notenbank bewirkte Anreicherung der Bankenliquidität von selbst zu einer Verminderung des Wettbewerbs der Banken um Einlagen und damit zu einer Herabsetzung der Habenzinsen führen. Im Zusammenhang damit wird ein Anreiz für die Einleger geschaffen, ihre Mittel zum Erwerb von Wertpapieren zu verwenden, wodurch die Rendite am Kapitalmarkt ... gesenkt wird[13]."

Die Kritik an der Zinsverordnung konzentrierte sich also im wesentlichen auf die Habenzinsregelung. Den Verfechtern der Verordnung kam es auf ein sofortiges und quantitativ gleichlautendes Durchschlagen von Diskontveränderungen auf die Kreditkosten an.

---

[9] Stellungnahme des Wissenschaftlichen Beirats, Textziffer 3 und 15.

[10] Vgl. Stellungnahme des Wissenschaftlichen Beirats, Textziffer 6.

[11] H. Schreihage: Kein ruinöser Wettbewerb, in: Industriekurier, Nr. 30, 25. Februar 1967.

[12] Stellungnahme des Wissenschaftlichen Beirats, Textziffer 16.

[13] Vgl. jedoch den Zusammenhang zwischen Habenzins- und Kapitalmarktzinsniveau aus der Sicht der Zentralbank: Geschäftsbericht der Deutschen Bundesbank für das Jahr 1957, S. 38.

2. Verstärkter Einsatz der Liquiditätspolitik

Um den Ausfall direkter Eingriffsmöglichkeiten auf die Zinsentwicklung am Bankenkredit- und -einlagenmarkt zu kompensieren, wird sich die Zentralbank verstärkt anderer kreditpolitischer Mittel bedienen:

„Die Zinsfreigabe kann dazu führen, daß die Liquiditätspolitik von der Notenbank etwas massiver gehandhabt werden muß, ..., daß stärkere Ausschläge in der Liquiditätspolitik als in früheren Zeiten (vor 1967, d. V.) zu erwarten sind[14]."

„Stärker denn je wird sich der Zentralbankrat auf beide Instrumente (Liquiditätspolitik und Festlegung der Abgabesätze für Geldmarktpapiere, d. V.) stützen, um seine zinspolitischen Absichten durchzusetzen[15]."

„Solange eine Zinsbindung bestand, hat sich die Notenbank auf diesem Gebiet (Offenmarktgeschäfte mit Nichtbanken, d. V.) größte Zurückhaltung auferlegt. Nachdem die Reglementierung aufgehoben wurde, besteht kein Grund mehr, auf das Offenmarktgeschäft mit Nichtbanken zu verzichten[16]."

Es wurde demnach angenommen, daß die indirekte Zinspolitik gegenüber der Zinspolitik, die sich auf die Veränderung des Diskontsatzes stützt, an Bedeutung gewinnen würde. Die Bundesbank hatte vor 1967 Nichtbanken keine Offenmarktpapiere angeboten, da sie nicht mit den Kreditinstituten konkurrieren wollte, die sich nach den von ihr beeinflußten Zinssätzen richten mußten. Die Offenmarktgeschäfte mit Nichtbanken sollen dazu beitragen, den Umfang liquider Mittel des Bankenapparates zu vermindern (erhöhen), wenn die Notenbank mit der Diskontpolitik einen expansiven (restriktiven) Kurs verfolgt.

II. Auswirkungen auf das Bankengewerbe

1. Verminderung der Rentabilität

Wenn man im Zusammenhang mit der Zinsfreigabe von Bankenrentabilität spricht, bezieht sich das in der Regel auf die Höhe der Zinsspanne; meist liegen Annahmen über deren Entwicklung zugrunde,

---

14 O. Emminger: Aktuelle Probleme der Geld- und Bankenpolitik, in: Deutsche Bundesbank, Auszüge aus Presseartikeln, Nr. 22, 17. März 1967, S. 6.

15 G. Czerwensky: Entmachteter Diskont?, in: Süddeutsche Zeitung, Nr. 66, 18./19. März 1967.

16 E. Fessler: Von der Zinsbindung zur Zinsfreiheit, Vortrag gehalten vor dem Institut für Bankwirtschaft und Bankrecht an der Universität Köln, in: Deutsche Bundesbank, Auszüge aus Presseartikeln, Nr. 41, 8. Juni 1967, S. 1.

wenn auf mögliche Wettbewerbsverschiebungen innerhalb des Bankenapparates, Illiquidität und Zusammenbruch einzelner Kreditinstitute hingewiesen wird.

Die Deutsche Bundesbank erklärte 1962: „Die Bank widerrät zur Zeit einer Freigabe der Zinsen vor allem deshalb, weil sie die Wettbewerbssituation im Bankensystem zu Lasten einzelner Gruppen von Kreditinstituten verändern, die Konzentrationsbewegung fördern ... könnte[17].“ Was unter „Veränderung der Wettbewerbssituation“ und „Konzentrationsbewegung“ konkret zu verstehen ist, kommt im folgenden zum Ausdruck: „Überhöhte Zinsen für hereingenommenes Geld könnten ihre Rentabilität (die kleinerer Kreditinstitute, d. V.) gefährden und sie veranlassen, im Interesse der Aufrechterhaltung ihrer Rentabilität auf der anderen Seite gefährliche Kreditengagements mit überhöhten Zinsen einzugehen“[18] oder Institute zur Aufgabe ihrer Eigenständigkeit zwingen: „Es soll nicht verkannt werden, daß die mit der Zinsfreigabe angestrebte Belebung des Wettbewerbs möglicherweise nicht ohne Auswirkung auf die Situation schwächerer Kreditinstitute bleiben wird und diese zur Anlehnung an einen stärkeren Partner veranlassen kann. Die hierin liegende Konzentrationstendenz ist nicht zu vermeiden[19].“ Falls es nicht rechtzeitig zu Fusionen oder Übernahmen kommt, „ist es denkbar, daß ein Konkurrenzkampf um Marktanteile beginnt, in dem die schwächsten privaten Institute zusammenbrechen werden“[20].

Hinter den zitierten Äußerungen stehen Bedenken, daß sich — ausgelöst durch die Illiquidität einiger Banken — die Ereignisse aus dem Jahre 1931 wiederholen könnten, als die Zahlungsunfähigkeit weniger Kreditinstitute genügte, eine Vertrauenskrise im Kreditsektor herbeizuführen.

Demgegenüber bietet „das Kreditwesengesetz andere und bessere Möglichkeiten zur Wahrung der Funktionsfähigkeit des Kreditgewerbes (als die Zinsverordnung, d. V.)“[21]. Stützel[22] streitet vollständig ab, daß eine Zinsverordnung die Rentabilität der Kreditinstitute gewährleiste: „In Wahrheit kann es auf diesem Wege nicht einmal gelingen, die Rentabilität des Schwächsten am Markt zu sichern ...“ Von einer ande-

[17] Geschäftsbericht der Deutschen Bundesbank für das Jahr 1962, S. 101 f.

[18] J. P. von Bethmann: Freie Zinsen — ehrliche Zinsen, in: Frankfurter Allgemeine Zeitung, Nr. 45, 22. Februar 1967.

[19] H. Schreihage: Kein ruinöser Wettbewerb, in: Industriekurier, Nr. 30, 25. Februar 1967.

[20] H. Janberg: Freiheit für Bankzinsen?, in: Zeitschrift für das gesamte Kreditwesen, Nr. 1, 1966, S. 25.

[21] H. Henkel: Plädoyer für die Freiheit der Bankzinsen, in: Zeitschrift für das gesamte Kreditwesen, Nr. 1, 1966, S. 8.

[22] W. Stützel: Bankpolitik heute und morgen, Textziffer 202, S. 94.

ren Warte, aber genauso kategorisch äußert sich Linhardt[23]: „Hier werden der Behörde undurchführbare Aufgaben zugewiesen, für die es jetzt und künftig keine Rechtsnormen und keine formulierbaren Richtlinien gibt und geben kann."

Danach war die Zinsverordnung also ein untaugliches Instrument, die Rentabilität im Bankengewerbe sicherzustellen: Der Fortfall der Verordnung konnte keine negativen Folgen auslösen.

2. Ersatz der Habenzinsregelung durch privatwirtschaftliche Vereinbarungen

Mit der Zinsfreigabe hatten die Kreditinstitute die Wahl, nach über 30 Jahren der gesetzlich vorgeschriebenen Zinsrichtlinien entweder individuelle Vorstellungen über die Höhe der Einlagenkonditionen im Verkehr mit Nichtbanken zu entwickeln oder sich an einem kollektiven Vorgehen aller Banken bei der Habenzinsgestaltung zu beteiligen. Der Wissenschaftliche Beirat[24] bemerkt dazu: „Bei Aufhebung der staatlichen Zinsfestsetzungen muß sichergestellt werden, daß sie nicht durch wettbewerbsbeschränkende Absprachen der Kreditinstitute ersetzt werden können." Wettbewerbsbeschränkende Absprachen in Form „eines Kartells der Spitzenverbände (sind) sicher nicht zu befürchten. Dagegen sind entsprechende Verbandsempfehlungen durchaus möglich ..."[25]. Die Empfehlungen gelten nicht für die gesamte Nichtbankenkundschaft: „... es ist unvermeidlich, daß bei den Konditionen mindestens im Massengeschäft eine gewisse einheitliche Ordnung herrscht. Wenn dies nicht durch behördliche Zinsbindungen sichergestellt wird, dann wird es, ..., durch Vereinbarungen zwischen Banken und Bankengruppen geschehen müssen[26]."

Die Zinsbindung wird also durch Empfehlungen vor allem der Bankenverbände ersetzt. Die Zinsgestaltung am Bankeneinlagenmarkt verlagert sich aus der Sphäre der Zentralbank in den Bereich privatwirtschaftlicher Interessen: „Praktisch wäre lediglich ein Wechsel in der Instanz oder Behörde eingetreten, die den (Einlagen-, d. V.) Zinssatz bestimmt. Statt des Bundesaufsichtsamtes für das Kreditwesen hätten die öffentlich-rechtlichen Sparkassenanstalten und ihre Verbände diese Funktion übernommen. Es entstünde praktisch eine ‚Preisführerschaft' der Sparkassenorganisation[27]."

---

[23] H. Linhardt: Kreditinstitute im Wettbewerb, in: Kritik der Währungs- und Bankpolitik, Bankwirtschaftliche Schriftenreihe, Band 7, Köln und Opladen 1963, S. 120 f.

[24] Stellungnahme des Wissenschaftlichen Beirats, Textziffer 18.

[25] F. Weber-Krebs: Zinskartelle ante portas?, in: Zeitschrift für das gesamte Kreditwesen, Nr. 6, 1966, S. 222.

[26] O. Emminger: Aktuelle Probleme der Geld- und Bankenpolitik, S. 6.

[27] H. Günther: Vom Diskontsatz trennen?, in: Der Volkswirt, Nr. 28, 13. Juli 1962, S. 1420.

III. Auswirkungen auf die Nichtbanken: Die Marktposition wird verbessert

Theoretisch müßte der Fortfall der Zinsbindung alle Nichtbanken in die Lage versetzen, über die Höhe der Kredit- und Einlagenzinsen zu verhandeln, ohne auf gesetzlich fixierte Grenzen zu stoßen. Die Ansicht kommentiert Köhler[28]: „Es wäre eine Verkennung der Situation, wenn man annähme, der Bankkunde, der bisher schon keine Sonderkonditionen erhielt, könne nunmehr (nach der Zinsfreigabe, d. V.) Zinsen vereinbaren." Mit Bezug auf die Einlagenzinsen ist Geiger[29] anderer Ansicht: „Liberalisierung der Habenzinsen bedeutet Lösung der Habenzinsen von den kurzfristigen Schwankungen des Diskontsatzes, kapitalmarktorientierte Zinsen für den Sparer, Beseitigung ... der Bevorzugung der Großeinleger."

Die Zinsfreigabe räumt möglicherweise nicht nur Bankkunden einen größeren Spielraum in Konditionsfragen ein, sondern erlaubt auch Kreditinstituten, die Sollzinsen über die bisher gesetzlich geregelte Grenze zu erhöhen: „Es sollte nicht übersehen werden, daß z. B. die Festsetzung von Höchstzinsen im kurz- und mittelfristigen Kreditgeschäft einen nicht zu unterschätzenden Schutz der Kreditnehmer vor überhöhten Zinsen darstellt[30]." Zugeständnisse gegenüber Großkunden ließen sich ohne Zinsbindung zu Lasten der Kunden ohne Verhandlungsmacht ausgleichen, so daß sich nach 1967 eine stärkere Streuung der Zinssätze je nach Verhandlungsmacht der Nichtbanken einstellen würde.

Für die Zeit unmittelbar nach der Zinsliberalisierung wird mit „Unruhe und Unsicherheit unter der Bevölkerung"[31] sowie mit höheren Zinseinnahmen und Kreditkosten für die Nichtbanken gerechnet: „Eine Aufhebung der Zinsbindung muß grundsätzlich dem Einleger einen Zinsnutzen verschaffen, den anderen Bereichen bankmäßiger Leistung, in denen der Konditionenwettbewerb seit jeher frei ist, einen Zinsnachteil[32]."

---

[28] Cl. Köhler: Die Kreditpolitik lockert die Bremsen, in: Wirtschaftswissenschaftliche Mitteilungen, März 1967, S. 65.

[29] H. Geiger: Für schrittweise Zinsliberalisierung, in: Industriekurier, Nr. 30, 25. Februar 1967; ähnlich: Stellungnahme des Wissenschaftlichen Beirats, Textziffern 10 und 11.

[30] H. Baumann: Die Zinsproblematik aus der Sicht der Volksbanken, in: Der Volkswirt, Nr. 41, 11. Oktober 1963, Beiheft „Geld und Kredit", S. 38; siehe auch die Amtliche Begründung zu § 23 Kreditwesengesetz 1961: „Soll die Zinsregelung auch dem Schutz der kleineren Kreditnehmer dienen, so wird sie für die Kreditkosten eine Obergrenze festsetzen, ...", in: L. Schork: Gesetz über das Kreditwesen, S. 90.

[31] F. Vierhoff: Zu Lasten des Mittelstandes, in: Industriekurier, Nr. 30, 25. Februar 1967. Ähnlich H. Geiger: Für schrittweise Zinsliberalisierung, in: Industriekurier, Nr. 30, 25. Februar 1967.

[32] H. Günther: Liberalisierung bedeutet Zinserhöhung, in: Industriekurier, Nr. 25, 16. Februar 1967.

E. Prüfung der Thesen

I. Situation der Deutschen Bundesbank

1. Diskontpolitik

a) Einfluß auf die Sollzinssätze

Um zu prüfen, ob die Zinsfreigabe die Wirksamkeit der Diskontpolitik geschwächt hat, werden für Kontokorrent- und Wechseldiskontkredite

Schaubild 7: Diskontsatz, tatsächliche und fiktive Entwicklung der Sollzinssätze

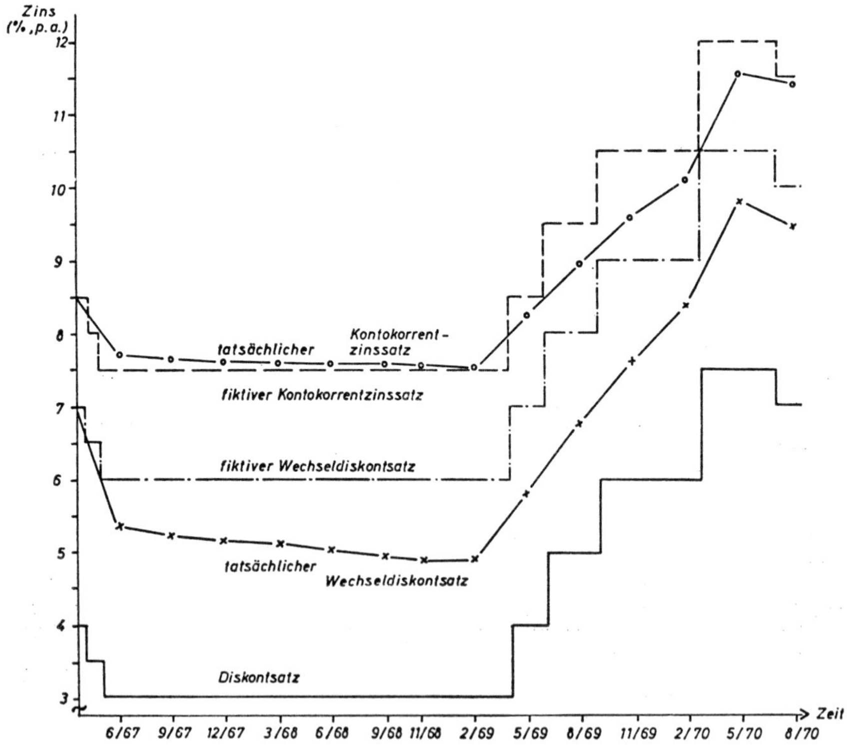

Quelle: Berechnet auf der Grundlage der Monatsberichte der Deutschen Bundesbank.

1. fiktive Zinssätze eingeführt, deren Berechnung auf den vor der Zinsliberalisierung gültigen Vorschriften basiert. Die fiktiven sind mit den tatsächlich vorgekommenen Konditionen zu vergleichen.
2. Wirkungskoeffizienten ε_{zs} bestimmt, die den schon vorliegenden Koeffizienten aus der Zeit vor dem 1. April 1967 gegenübergestellt werden.

Zu 1: Aus Schaubild 7 ist zu entnehmen, daß im Juni 1967 eine Differenz von + 0,22 %[1] zwischen dem tatsächlichen und dem fiktiven Zinssatz für Kontokorrentkredite bestand. Bis Anfang 1969 verminderte sich diese Differenz laufend, so daß beide Sätze im Februar 1969 annähernd übereinstimmten. Die Erhöhungen des Diskontsatzes in den Jahren 1969 und 1970 lösten parallel einen Anstieg der tatsächlichen Konditionen für Kontokorrentkredite aus. Das Ausmaß der Steigerung blieb jedoch hinter dem zurück, was entsprechend der Zinsverordnung gewesen wäre. Damit fielen die tatsächlichen unter die fiktiven Zinssätze. Im November 1969 erreichte die Differenz beider Sätze mit ./. 0,9 % den für die gesamte Betrachtungsperiode größten Wert (Schaubild 8). Nach der Diskontsenkung im Juli 1970 lagen die tatsächlichen

Schaubild 8: Differenz zwischen tatsächlichen und fiktiven Sollzinssätzen

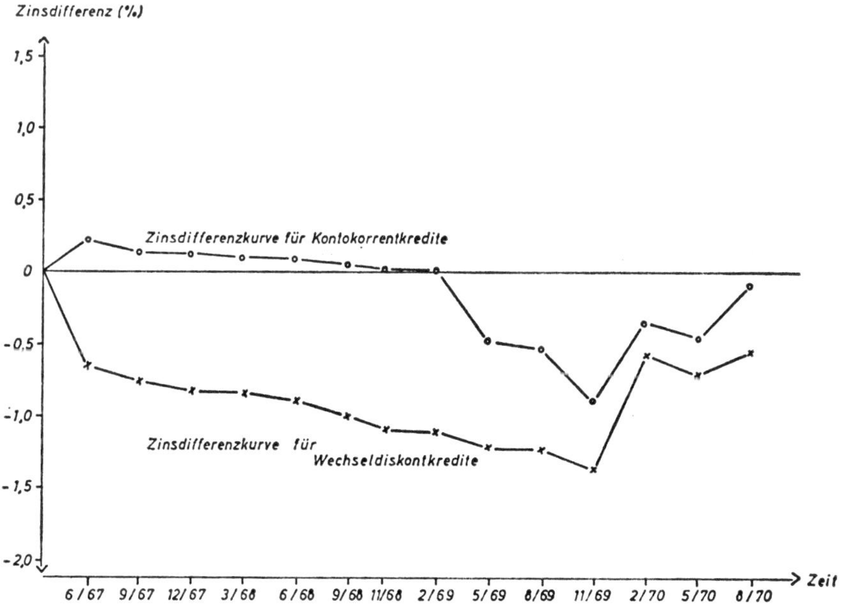

Quelle: Berechnet auf der Grundlage der Monatsberichte der Deutschen Bundesbank.

[1] Die Änderungsraten von Zinssätzen werden in % und nicht in Prozentpunkten angegeben.

Konditionen nur knapp unter dem Satz, der bei einer weiter gültigen Zinsverordnung gegolten hätte.

In den beiden ersten Jahren nach der Zinsfreigabe bestimmte sich die Höhe der Zinssätze für Kontokorrentkredite demnach überwiegend nach der Berechnungsmodilität, die vor 1967 von der Zinsverordnung vorgeschrieben war. Ab Mitte 1969 bis Mai 1970 hätte die Zinsbindung im Durchschnitt rund 0,5 % höhere Zinssätze bewirkt als die „freie“ Zinsbildung.

Die tatsächlichen Konditionen für Wechseldiskontkredite unterschritten nach den Diskontsenkungen im Jahre 1967 den fiktiven Zinssatz deutlich mit 0,65 % (Schaubild 7). Bis Februar 1969 vergrößerte sich die Differenz auf ./. 1,12 %, ohne daß eine Diskontsatzänderung zugrunde lag. Nach den Diskonterhöhungen im Jahre 1969 vergrößerte sich der Abstand zwischen tatsächlichem und fiktivem Wechseldiskontsatz auf maximal ./. 1,38 % (November 1969) und verringerte sich 1970 auf durchschnittlich ./. 0,6 %. Die Zinssätze für Wechseldiskontkredite erreichten also zu keinem Zeitpunkt die Höhe, die sie entsprechend der Zinsverordnung eingenommen hätten (Schaubild 8).

Zu 2. Als Maß für die Effizienz der Diskontpolitik war ein Wirkungskoeffizient ε_{zs} als das Verhältnis zwischen der Änderung der Sollzinssätze (ΔS) und der des Diskontsatzes (ΔD) definiert worden:

$$\varepsilon_{zs} = \frac{\Delta S}{\Delta D}$$

Die Berechnung des Koeffizienten ergibt für die Zeit nach der Zinsfreigabe folgende Werte:

Vergleichszeitpunkte	Δ Diskontsatz %	Wirkungskoeffizient Kontokorrent-kredite	Wirkungskoeffizient Wechsel-diskontkredite
April/Juni 1967[a)]	**— 1,0**	**0,78**	**1,65**
Februar/Mai 1969	**+ 1,0**	**0,49**	**0,90**
Mai/August 1969	**+ 1,0**	**0,93**	**0,99**
August/November 1969	**+ 1,0**	**0,67**	**0,85**
Februar/Mai 1970	**+ 1,5**	**0,93**	**0,93**
Mai/August 1970	**— 0,5**	**0,30**	**0,72**

a) Die Ergebnisse, die aus der Zinserhebung der Deutschen Bundesbank für Juni 1967 gewonnen werden, sind nur beschränkt aussagefähig, da Kreditinstitute teilweise die Zinssätze für Kontokorrentkredite zusammen mit der Umsatzprovision in einem Satz meldeten und als Konditionen im Wechselgeschäft — entgegen den Melderichtlinien — Vorzugssätze angaben. Vgl. Monatsberichte der Deutschen Bundesbank, Oktober 1967, S. 46 und 49.

Da die Zinssätze vor 1967 wenigstens im Massengeschäft fest an den Diskontsatz gekoppelt waren, lag zu dieser Zeit ε_z sowohl für Kontokorrent- als auch für Wechseldiskontkredite bei 1. Der Vergleich mit den Wirkungskoeffizienten der zinsbindungsfreien Zeit läßt im wesentlichen zwei Folgerungen zu:

1. Die Zinsfreigabe hat die Durchschlagskraft des Diskontsatzes auf die Sollzinssätze gemindert, stärker bei Kontokorrent- als bei Wechseldiskontkrediten. Die Konditionen für Kontokorrentkredite folgten den Diskontsatzerhöhungen minimal zu 49 v.H. maximal zu 92 v.H., die für Wechseldiskontkredite minimal zu 85 v.H., maximal zu 99 v.H.
2. Die einzige Diskontsenkung im betrachteten Zeitraum, nämlich die im Juli 1970, bewirkte die geringste Änderung der Sollzinssätze während der Betrachtungsperiode. Die Senkung schlug bei Kontokorrentkrediten nur zu 30 v.H. durch, während die Diskonterhöhungen überwiegend eine doppelt so große Reaktion der Zinssätze induzierten. Die Konditionen für Wechseldiskontkredite reagierten nur zu rund 70 v.H. gegenüber meist 90 v.H. und mehr bei Diskontsatzsteigerungen.

Für eine wirksame Diskontpolitik kommt es nicht nur darauf an, daß Änderungsraten von Diskontsatz und Sollzinssätzen übereinstimmen, sondern auch, daß die Änderungen zeitlich kongruent verlaufen. Vor der Zinsfreigabe änderten sich die Sollzinssätze zumindest im Massengeschäft an dem Tage, an dem die Notenbank den Diskontsatz erhöhte oder senkte. Es ist für die Zeit nach 1967 zu prüfen, ob Diskontänderungen zeitlich kongruente Marktzinsänderungen hervorriefen. Die Zinserhebung der Deutschen Bundesbank im Mai 1969 zeigt, daß sich die Diskonterhöhung vom 18. April 1969 — also innerhalb eines Monats — noch nicht vollständig auf die Sollkonditionen der Kreditinstitute übertragen hatte.

Im August 1970 weist die Zinssatzstatistik der Deutschen Bundesbank aus, daß die Diskonterhöhungen von zusammen 2 % die Zinssätze für Kontokorrentkredite um rund 1,5 %, die für Wechseldiskontkredite um 1,85 % hatten ansteigen lassen. Nach den Informationen eines Bankenverbandes wurden die Konditionen bei der Diskonterhöhung am 20. Juni 1969 allgemein um den vollen Änderungsbetrag angehoben. Daraus ist zu schließen, daß die Diskonterhöhung vom 18. April 1969 bis Mitte Juni 1969 nicht restlos auf die Marktzinssätze durchschlug, während die Diskonterhöhung vom 20. Juni 1969 ohne zeitliche Verzögerung von den Banken weitergegeben wurde. Im November 1969 waren die Diskonterhöhungen von insgesamt 3 % bei Kontokorrentskrediten um gut 2 %, bei Wechseldiskontkrediten um 2,7 % durchgeschlagen. Die Diskontsteigerung vom 11. September 1969 um 1 % hat sich besonders auf die Zinssätze für Kontokorrentkredite nicht vollständig übertragen. Bis zum Februar 1970 verringerte sich die Spanne zwischen der Änderungsrate des Diskontsatzes und der Änderungsrate der Kontokorrentzinsen auf

./. 0,35 %. Die Diskonterhöhung vom 11. September 1969 war in einem Zeitraum von maximal fünf Monaten durchgeschlagen. Bei den Konditionen für Wechseldiskontkredite stellte sich diese Spanne auf +0,5 %, damit war die Diskonterhöhung vom 11. September 1969 bis Februar 1970 überproportional an die Nichtbanken weitergegeben worden. Im Mai 1970 zeigt die Erhebung der Deutschen Bundesbank, daß sich die Konditionen für Kontokorrentkredite um gut 4 %, die für Wechseldiskontkredite um rund 4,9 % bei einer Anhebung der Bankrate von insgesamt 4,5 % erhöht hatten. Da die Differenz der Änderungsraten nur unwesentlich größer (Kontokorrentkredite) bzw. kleiner (Wechseldiskontkredite) gegenüber dem Stand vom Februar 1970 wurde, ist anzunehmen, daß die Diskonterhöhung vom 9. März 1970 um 1,5 % ohne Zeitverzögerung auf die Marktzinssätze durchschlug. Die Diskontsatzsenkung vom 16. Juli 1970 um 0,5 % bewirkte bis Mitte August 1970 nur, daß die Zinssätze für Kontokorrentkredite um knapp 0,2 %, die für Wechseldiskontkredite um 0,35 % fielen. Nach rund einem Monat war die Diskontsatzänderung noch nicht restlos von den Banken weitergegeben worden.

Es ist nicht möglich, time lags zwischen der Änderung des Diskontsatzes und der der Marktzinssätze exakt nach Tagen oder Monaten anzugeben, da die Deutsche Bundesbank nur vier Erhebungen pro Jahr durchführt. Man kann aber ungefähr bestimmen, wann die Konditionen am Bankenkreditmarkt eine Diskontsatzerhöhung oder -senkung in vollem Umfang nachvollzogen. Es wurde festgestellt, daß

a) es bei Kontokorrentkrediten teilweise zu time lags von einem bis zu fünf Monaten gekommen ist und

b) die Zinssätze für Wechseldiskontkredite allgemein in kürzerem zeitlichen Abstand als die für Kontokorrentkredite auf Änderungen des Diskontsatzes reagierten.

Die Ergebnisse des Vergleichs der fiktiven und tatsächlichen Sollzinsentwicklung nach der Zinsfreigabe, sowie der Gegenüberstellung der Wirkungskoeffizienten ε_{zs} für die Zeit vor und nach 1967 und die 1969/1970 auftretenden time lags zwischen den Änderungen der Bankrate und der Änderung der Marktzinssätze belegen, daß die Diskontpolitik der Notenbank durch die Aufhebung der Zinsverordnung an Durchschlagskraft verloren hat. Die Deutsche Bundesbank kann nicht mehr davon ausgehen, daß Diskontsatzsenkungen oder -erhöhungen sofort und vollständig am Bankenkreditmarkt wirksam werden: Besonders deutlich wird dies an der Entwicklung der Zinssätze für Kontokorrentkredite zwischen August 1969 und Februar 1970, als es der Bundesbank nicht gelang, allein mit Hilfe der Diskontpolitik die Konditionen in dem gewünschten Maß anzuheben.

b) *Einfluß auf die Habenzinssätze*

In den letzten fünf Jahren vor der Zinsliberalisierung war der Abstand zwischen dem Niveau der Habenzinssätze und dem des Diskontsatzes relativ konstant (Schaubild 9): Die Konditionen für Termineinlagen auf 3 bis 6 Monate lagen 1 % bis 1,5 %, die für Spareinlagen mit gesetzlicher Kündigung 0,25 % bis 0,5 % unter der Bankrate, während Spareinlagen mit 12- bis 48monatiger Kündigungsfrist um 0,5 % bis 1 % über der Bankrate verzinst wurden. Nach der Zinsfreigabe hat sich zunächst das Gefüge der Habenzinsen gegenüber dem Diskontsatz nach oben verschoben. Bis April 1969 wurden Termineinlagen auf dem Niveau der Bankrate, Spareinlagen mit gesetzlicher Kündigung 0,5 % und Spareinlagen mit 12monatiger Kündigung 1,5 % über der Bankrate verzinst (Schaubild 10). Damit war eingetreten, was vor 1967 prognostiziert worden war: Das relative Niveau der Einlagenzinsen zum Diskontsatz hatte sich erhöht.

Schaubild 9: Diskontsatz, Entwicklung der Habenzinssätze vor und nach der Zinsfreigabe

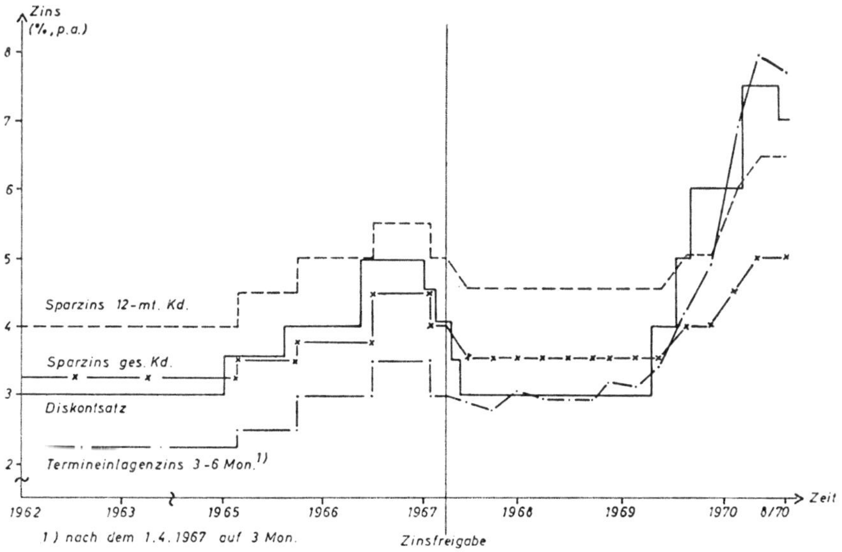

Quelle: Monatsberichte der Deutschen Bundesbank.

Nach den Diskonterhöhungen im April, Juni und September 1969 sank das Niveau der Habenzinsen unter das des Diskontsatzes. Der Abstand zwischen den Zinssätzen und dem Diskontsatz war hier größer als in den Jahren 1962 bis 1967. Das Niveau der Sparzinsen ging 1970 relativ zur Höhe des Diskontsatzes noch weiter zurück, während sich die Konditionen für Termineinlagen wie 1967/1968 auf dem Niveau der Bankrate und teilweise darüber bewegten.

Schaubild 10: Differenz der Habenzinssätze zum Diskontsatz vor und nach der Zinsfreigabe

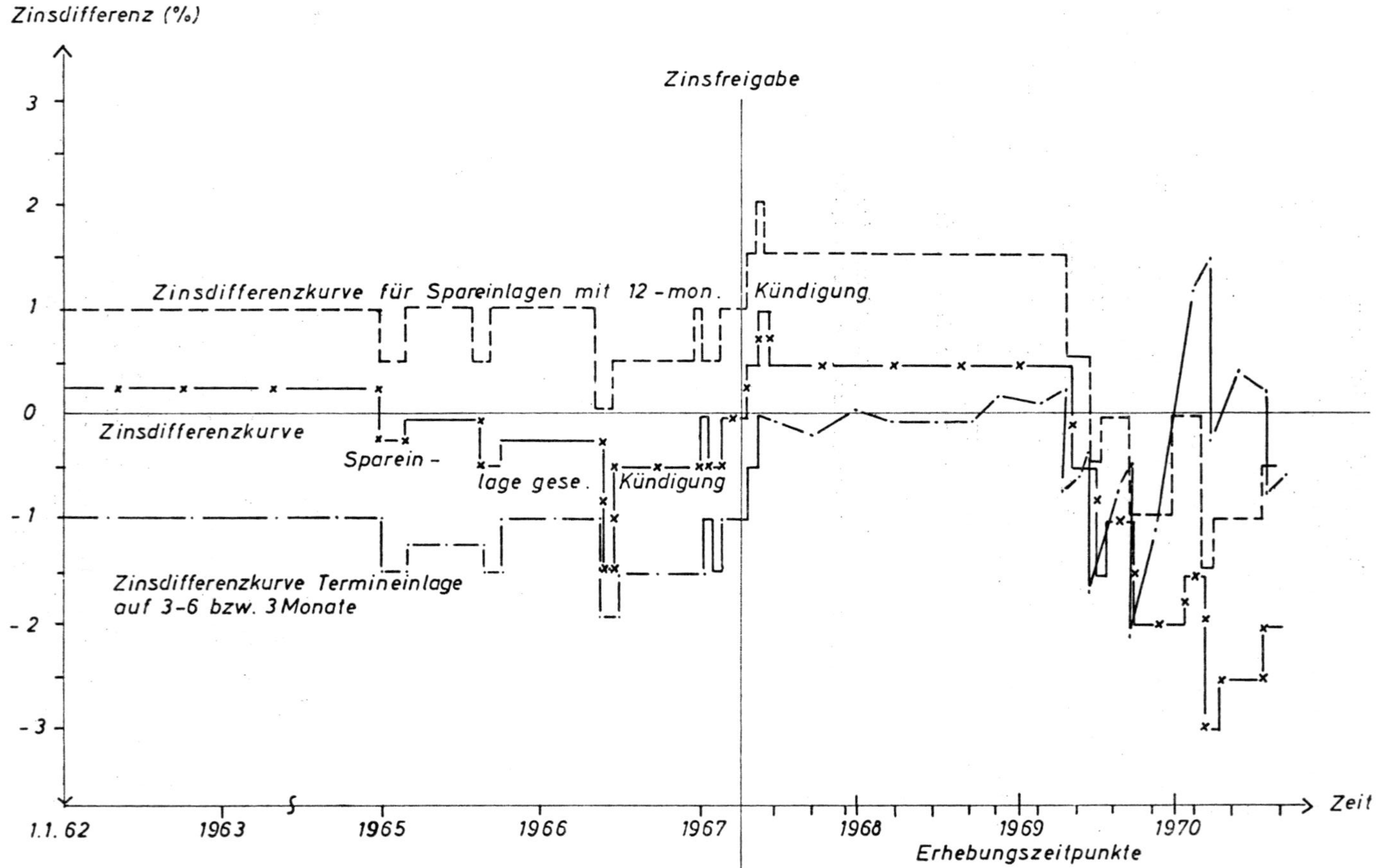

Quelle: Berechnet auf der Grundlage der Monatsberichte der Deutschen Bundesbank.

Der Vergleich des Niveaus der Einlagenzinsen zu dem des Diskontsatzes für die Zeit vor und nach der Zinsfreigabe zeigt, daß der vor 1967 weitgehend konstante Abstand nach der Aufhebung der Zinsverordnung entfallen ist.

Der Wirkungskoeffizient $\varepsilon_{ZH} = \frac{\Delta H}{\Delta D}$ definiert als das Verhältnis zwischen der Änderungsrate der Einlagenzinsen (ΔH) und der des Diskontsatzes (ΔD) stellt sich für die Zeit nach der Zinsfreigabe auf folgende Werte:

Vergleichszeitpunkte	Δ Diskontsatz (%)	Wirkungskoeffizient: Termineinlagen auf 3 Mon. < 1 Mill. DM	Wirkungskoeffizient: Spareinlagen gesetzliche Kündigung	Wirkungskoeffizient: Spareinlagen 12monatige Kündigung
April/Juni 1967	— 1,0	0,13	0,43	0,40
Februar/Mai 1969	+ 1,0	0,23	—	—
Mai/August 1969	+ 1,0	0,89	0,49	0,44
August/November 1969	+ 1,0	0,70	—	—
Februar/Mai 1970	+ 1,5	0,67	0,33	0,31
Mai/August 1970	— 0,5	0,40	—	—

Die Zinssätze für Termineinlagen reagierten demnach wesentlich elastischer als die für Spareinlagen auf Veränderungen der Bankrate. Während $\varepsilon_z = 0$ bei Spareinlagen in drei Fällen auftritt und der Koeffizient sonst unter 0,50 liegt, zeigen die Konditionen für Termineinlagen immer eine Reaktion, mit $\varepsilon_z = 0{,}89$ am stärksten und $\varepsilon_z = 0{,}13$ am schwächsten.

Vor der Zinsfreigabe waren die Einlagenzinsen nicht an den Diskontsatz gekoppelt, das durchschnittliche ε_{ZH} schwankte zwischen 0 und 1 (s. Punkt A IV 2 a). Um zu klären, in welchem Ausmaß die Zinsliberalisierung daran etwas geändert hat, werden

a) durchschnittliche Wirkungskoeffizienten für die Zeit zwischen 1957 und 1967 sowie

b) durchschnittliche Koeffizienten für die Zeit von 1967 bis 1970 berechnet und gegenübergestellt:

Zinskategorie	Durchschnittlicher Wirkungskoeffizient[a)]: 11. Januar 1957 bis 31. März 1967	Durchschnittlicher Wirkungskoeffizient[a)]: 1. April 1967 bis 15. August 1970
Termineinlage auf 3 bis 6 bzw. 3 Monate	0,73	0,50
Spareinlage mit gesetzlicher Kündigung	0,48	0,21
Spareinlage mit 12 bis 48monatiger bzw. 12monatiger Kündigung	0,71	0,19

a) Fälle, in denen eine Reaktion der Zinssätze auf Diskontsatzänderungen ausblieb, sind in der Durchschnittsrechnung enthalten.

Der Einfluß des Diskontsatzes auf die Entwicklung der Einlagenzinsen ist nach 1967 noch geringer geworden als er vor der Zinsfreigabe war. Besonders bei den Konditionen für Spareinlagen, die auf Diskontänderungen durchschnittlich nur zu rund 20 v.H. reagierten, hat die Diskontpolitik der Bundesbank an Durchschlagskraft eingebüßt. Die Anpassung der Sparzinssätze an die Entwicklung der Bankrate[2] vollzog sich mit einer zeitlichen Verschiebung von 2 bis 4 1/2 Monaten (gesetzliche Kündigung) bzw. 2 bis 3 1/2 Monaten (12monatige Kündigung), während vor der Zinsfreigabe die Sparkonditionen im Durchschnitt nach gut einem Monat auf Diskontsatzänderungen reagiert hatten. Da für Termineinlagen keine Zinsempfehlungen der Bankenverbände vorliegen, ist nicht zu ermitteln, wann die Zinssätze nach einer Bewegung des Diskontsatzes gestiegen oder gefallen sind.

Zusammenfassend ist festzustellen, daß die Deutsche Bundesbank nach der Zinsfreigabe nahezu außerstande ist, auf die Veränderung der Habenzinssätze mit der Diskontpolitik einzuwirken. Der begrenzte Einfluß auf die Zinssätze, den die Notenbank vor 1967 hatte, ist wesentlich gemindert worden.

2. Liquiditätspolitik

a) Entwicklung der Bankenliquidität und der Zinssätze

Als es darum ging, Bestimmungsgrößen für eine Zinsentwicklung ohne behördlich fixierte Soll- und Habenzinssätze zu prognostizieren, stand neben der Diskontpolitik die Liquiditätspolitik der Notenbank im Vordergrund der Überlegungen. Es wurde argumentiert, mit der Liquiditätspolitik werde die Zentralbank versuchen, Umfang und Verwendung der liquiden Mittel des Bankenapparates zu steuern und damit die Diskontpolitik unterstützen, so daß die Entwicklung der Bankzinsen ihren Vorstellungen gemäß verlaufe.

Die jeweilige Höhe der Bankenliquidität hängt ab von Faktoren, die zum einen marktmäßig, zum anderen kreditpolitisch bestimmt sind. Marktmäßige Faktoren beeinflussen die Bankenliquidität, ohne daß die Zentralbank und die Kreditinstitute wesentlich dazu beitragen: „(Die Marktfaktoren, d. V.) stellen ... vor allem kurzfristige Daten dar, die als unveränderliche Größen hingenommen werden müssen ...[3].“ Zu diesen Faktoren zählen[4]:

---

[2] Maßgebend für den Änderungszeitpunkt der Zinssätze sind die Zinsempfehlungen der Bankenverbände, siehe dazu Punkt E II 2 a.

[3] J. Becker: Die kontinuierliche Liquiditätsversorgung des Bankensystems, S. 24.

[4] Vgl. Monatsberichte der Deutschen Bundesbank, Juli 1970, S. 28 ff.

1. Der Bargeldumlauf. Das ist der Teil des Zentralbankgeldes, der als Noten und Münzen im Nichtbankensektor umläuft.
2. Das Auslandsgeschäft. Darunter fallen im wesentlichen die Netto-Währungsreserven der Notenbank, die durch Auslandsgeschäfte der Nichtbanken verändert werden.
3. Die Kassentransaktionen von inländischen Nichtbanken bei der Zentralbank. Hauptsächlich handelt es sich um Transaktionen der öffentlichen Haushalte, in geringerem Umfang auch um die privater Unternehmen.
4. Geldmarktverschuldung öffentlicher Haushalte gegenüber den Banken und der Zentralbank. Diese Position gibt den Einfluß der Emission und Tilgung von Geldmarktpapieren auf die Bankenliquidität wieder.
5. Sonstige Faktoren. Zu diesem Posten zählen: Veränderung der festgesetzten Rediskontkontingente, wenn Banken das Eigenkapital erhöhen, Zinserträge und -verluste der Notenbank, sowie eine Reihe weiterer Positionen, die gegenüber den unter 1. bis 4. genannten von geringerer Bedeutung sind[5].

Im Gegensatz zu den marktmäßigen Einflußfaktoren handelt es sich bei den kreditpolitischen Faktoren um Maßnahmen der Deutschen Bundesbank, die Liquiditätslage der Kreditinstitute bewußt zu gestalten. Um den Umfang liquider Mittel des Bankenapparates zu regulieren, bedient sich die Zentralbank mehrerer Mittel[6]:

1. Veränderung der Rediskontkontingente.

Mit der Rediskontkontingentpolitik hat es die Notenbank in der Hand, die Höhe ihrer Refinanzierungshilfen für die Kreditinstitute zu bestimmen. Sie legt auf längere Zeit Refinanzierungslimite für Wechseldiskontkredite der Banken fest, die in Relation zu dem Haftungskapital der Kreditinstitute stehen. Bei Lombardkrediten der Zentralbank an Banken ist in Deutschland normalerweise kein bestimmtes Kontingent festgesetzt (Ad-hoc-Kontingent). Im September 1969 wandte die Deutsche Bundesbank kurzfristig ein flexibles Lombardkontingent an, das sich an der Höhe des Haftungskapitals der Banken ausrichtete.

2. Offenmarktgeschäfte in inländischen langfristigen Wertpapieren.

Die Zentralbank kauft oder verkauft Wertpapiere auf eigene Rechnung am offenen Markt. Marktpartner sind Banken und Nichtbanken. Auf deren Entschluß, Wertpapiere zu erwerben oder abzugeben, hat die Notenbank keinen Einfluß.

---

[5] Nähere Einzelheiten zu den Marktfaktoren gibt J. Becker: Die kontinuierliche Liquiditätsversorgung des Bankensystems, S. 25 ff.

[6] Vgl. Monatsberichte der Deutschen Bundesbank, Juli 1970, S. 37; Cl. Köhler: Geldwirtschaft, I. Band, Geldversorgung und Kreditpolitik, S. 255 ff.

3. Offenmarktgeschäfte in inländischen Geldmarktpapieren mit Nichtbanken.

Die Zentralbank kann durch Verkäufe (Rücknahmen) von inländischen Schatzwechseln, unverzinslichen Schatzanweisungen und Kassenobligationen die Bankenliquidität vermindern (erhöhen), wenn Nichtbanken die Papiere zu Lasten oder zu Gunsten ihrer liquiden Mittel erwerben bzw. abgeben.

4. Einlagen/Schuldenpolitik.

Hier ist die Kooperation zwischen den öffentlichen Haushalten und der Zentralbank angesprochen, die darauf abzielt, mit liquiditätswirksamen Maßnahmen Mittel, die der öffentlichen Hand zufließen, nach den Wünschen der Notenbank bei ihr stillzulegen oder in das Bankensystem einzuschleusen. Wenn Kassentransaktionen der öffentlichen Haushalte bewußt nach einem expansiven oder restriktiven Kurs der Zentralbank ausgerichtet werden, sind die darauf beruhenden Veränderungen der Bankenliquidität nicht als marktmäßig, sondern als kreditpolitisch bestimmt anzusehen.

Die Verwendung liquider Mittel des Bankenapparates kann die Notenbank auf mehreren Wegen steuern[7]:

1. Veränderung des Mindestreservesolls der Kreditinstitute.

Die Zentralbank verlangt von den Kreditinstituten bei ihr unverzinsliche Guthaben zu unterhalten, die nach Einlagearten, Bankplätzen und Reserveklassen gestaffelt sind. Die Notenbank kann auch den Zuwachs an Verbindlichkeiten der Banken gegenüber Gebietsfremden auf der Basis einer bestimmten Periode oder Stichtags mit einer zusätzlichen Mindestreservepflicht verbinden, wie es in Deutschland zur Abwehr spekulativer Gelder vor der Aufwertung im Jahr 1969 geschehen ist.

2. Offenmarktgeschäfte in inländischen Geldmarktpapieren mit Banken.

Die Notenbank bietet Kreditinstituten Geldmarktpapiere an, um Zentralbankgeld während der Laufzeit der Papiere zu binden — sofern keine vorzeitige Rücknahme vereinbart ist. Sie will damit erreichen, daß Zentralbankgeld nicht für eine zusätzliche Kreditgewährung eingesetzt wird. Kauft die Notenbank Geldmarktpapiere von den Banken oder nimmt sie die Papiere vorzeitig zurück, so sollen den Kreditinstituten liquide Mittel zugeführt werden, die den Instituten eine zusätzliche Kreditvergabe ermöglichen. Beim Kauf und Verkauf von Geldmarktpapieren ist die Notenbank auf die Bereitschaft der Kreditinstitute an-

[7] Vgl. Monatsberichte der Deutschen Bundesbank, Juli 1970, S. 37; Cl. Köhler: Geldwirtschaft, I. Band, Geldversorgung und Kreditpolitik, S. 255 ff.

gewiesen, mit ihr zu kontrahieren, was für den Erfolg der Transaktionen ausschlaggebend ist.

3. Refinanzierungspolitik.

Die Notenbank gewährt den Kreditinstituten Rediskont- und Lombardkredite zu von ihr festgelegten Bedingungen. Sie kann z. B. den Rediskont von Finanzwechseln generell und den von Handelswechseln dann ausschließlich, wenn der Bezogene und/oder Aussteller ihren Bonitätsanforderungen nicht genügt. Bei Lombardkrediten beziehen sich die Bedingungen der Zentralbank auf den Kreis der hinterlegungsfähigen Wertpapiere und den Prozentsatz der Beleihung.

4. Swappolitik.

Indem die Notenbank einen Swapsatz festlegt, der von dem am freien Devisenmarkt sich bildenden Satz abweicht, will sie Banken veranlassen, Liquiditätsreserven eher im Ausland als im Inland oder umgekehrt anzulegen. Wünscht die Zentralbank z. B. Geldexporte anzuregen, so bietet sie eine günstigere Kurssicherung als auf dem freien Markt zu erhalten ist.

Aus der Addition der marktmäßig und kreditpolitisch bestimmten Einflußfaktoren auf die Bankenliquidität lassen sich deren Veränderungen nach der Zinsfreigabe ermitteln. Die Gegenüberstellung der Entwicklung der Zinssätze am Bankeneinlagen- und -kreditmarkt soll zeigen, ob die Liquiditätspolitik der Notenbank[8], die ihren Ausdruck findet in den Schwankungen der Bankenliquidität, die Diskontpolitik unterstützte (Schaubild 11).

Die Entwicklung der Bankenliquidität[9] vom II. Quartal 1967 bis zum IV. Quartal 1970 zerfällt ungefähr in drei Abschnitte. Die erste Periode reicht vom II. Quartal 1967 bis zum IV. Quartal 1968 und stand im Zeichen absolut wachsender Bankenliquidität, wenn auch mit unterschiedlichen Zuwachsraten. Die Bundesbank senkte 1967 mehrfach die Mindestreservesätze, bezog unverzinsliche Schatzanweisungen der Länder bis zu 1,2 Mrd. DM sowie Kassenobligationen mit einer Restlaufzeit von weniger als 18 Monaten des Bundes, der Länder, der Bundespost und -bahn in die Geldmarktregulierung ein und kaufte Anleihen der öffentlichen Haushalte am offenen Markt. Diese Maßnahmen wirkten verflüssigend auf die Liquiditätslage des Bankenapparates. Von Anfang 1968 bis zum IV. Quartal 1968 ließ die Bundesbank die Markteinflüsse sich erhöhend auf die Bankenliquidität auswirken, ohne sie

---

[8] Die kreditpolitischen Maßnahmen sind wiedergegeben in den Geschäftsberichten der Deutschen Bundesbank für die Jahre 1967 bis 1970: „Konjunktur- und währungspolitische Chronik".

[9] Vgl. jeweils Monatsberichte der Deutschen Bundesbank, Statistischer Anhang, Bankstatistische Gesamtrechnungen.

Schaubild 11: Veränderung der Bankenliquidität und der Zinssätze am Bankenkredit- und -einlagenmarkt

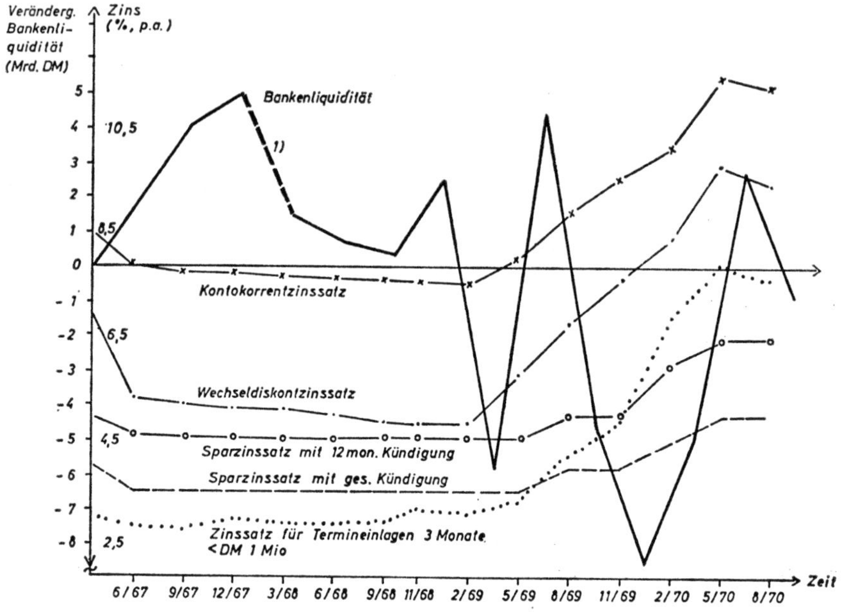

1) Bis Ende 1967 Veränderungen am Quartalsende, ab März 1968 im Durchschnitt der 4 Bankwochenstichtage der Quartalsschlußmonate.

Quelle: Monatsberichte der Deutschen Bundesbank.

kreditpolitisch zu kompensieren oder zu verstärken. Während der ersten Periode hat die günstige Liquiditätsentwicklung es den Kreditinstituten bei konstantem Diskontsatz ermöglicht, die Zinssätze am Bankenkreditmarkt tendenziell herabzusetzen[10]. Auf die Höhe der Habenzinssätze übte der ausreichende Bestand an liquiden Mitteln keinen Einfluß aus. Insbesondere die Konditionen für Spareinlagen verharrten auf dem kurz nach der Zinsfreigabe eingenommenen Niveau, während Termineinlagen mit zunehmender Zeit sogar höher verzinst wurden.

Die zweite Periode erstreckt sich vom IV. Quartal 1968 bis zum III. Quartal 1969 und war gekennzeichnet durch marktbedingte Liquiditätszuflüsse (-abflüsse) vor (nach) erwarteten Paritätsänderungen der Deutschen Mark. Der Abzug der Spekulationsgelder im 1. Quartal 1969 kompensierte größtenteils das Anwachsen der Bankenliquidität im IV. Quartal 1968 und tangierte den Liquiditätsstatus und das Zinsgebahren der Kreditinstitute nicht. Die Bundesbank stellte Anfang 1969 die Offenmarktgeschäfte in langfristigen Wertpapieren ein und kürzte Ende

[10] Vgl. Monatsberichte der Deutschen Bundesbank, Januar 1969, S. 5.

März 1969 die Rediskontkontingente der Banken mit Wirkung vom 1. Juli 1969. Damit leitet sie einen die Bankenliquidität vermindernden, restriktiven Kurs ein, der zunächst im April/Mai 1969 durch erneute spekulative Geldzuflüsse überdeckt wurde. Im II. Quartal 1969 wuchs die Bankenliquidität um rund 4,4 Mrd. DM, so daß die Banken möglicherweise in die Lage versetzt wurden, die Diskonterhöhung vom 18. April 1969 um 1 % nur unterproportional weiterzugeben (Zinsveränderung zwischen Februar und Mai 1969 bei Kontokorrentkrediten + 0,49 %, bei Wechseldiskontkrediten + 0,9 %) und die Konditionen im Einlagengeschäft nicht heraufzusetzen.

Die dritte Periode erfaßt den Zeitraum vom III. Quartal 1969 bis zum IV. Quartal 1970. Im III. Quartal 1969 schränkte die Notenbank durch Mindestreserveerhöhungen die Verwendung liquider Mittel der Kreditinstitute ein und verminderte den Umfang liquider Mittel durch die wirksam werdende Kürzung der Rediskontkontingente. Die Banken waren gezwungen, die Zinssätze im Aktivgeschäft parallel zur Diskonterhöhung vom 20. Juni 1969 um 1 % anzuheben (Zinsveränderung zwischen Mai und August 1969 bei Kontokorrentkrediten + 0,93 %, bei Wechseldiskontkrediten + 0,99 %). Der noch ausreichende Bestand an liquiden Mitteln im Bankenapparat[11] scheint es aber ermöglicht zu haben, daß die Diskonterhöhung vom 11. September 1969 um 1 % nur mit 0,67 % bei Kontkorrentkrediten und mit 0,85 % bei Wechseldiskontkrediten auf die Konditionen am Bankenkreditmarkt durchschlug. Erst die Abflüsse der Spekulationsgelder nach der Aufwertung der Deutschen Mark am 27. Oktober 1969 verminderten die Bankenliquidität derart, daß es für die Banken notwendig wurde, die Sollzinssätze überproportional zu erhöhen (Zinsveränderung zwischen August 1969 und Februar 1970 bei Kontokorrentkrediten + 1,22 %, bei Wechseldiskontkrediten + 1,64 %). Die Bundesbank hat im IV. Quartal 1969 zwar mit einer generellen und einer auf Dezember 1969 befristeten Mindestreservesenkung den Verlust des Bankensystems an liquiden Mitteln gemildert, es aber zugelassen, daß diese per Saldo um rund 8,5 Mrd. DM abnahmen. Die beengte Liquiditätslage wird Kreditinstitute veranlaßt haben, Minderkonditionen nur noch in beschränktem Umfang zu gewähren und Zinserhöhungen nachzuholen, die in Zeiten ausreichender Liquidität (II. Quartal 1969) unterblieben waren. Bis Mitte 1970 erhöhte die Zentralbank zweimal das Mindestreservesoll der Banken und kürzte deren Rediskontkontingente um den Zuwachs an Verbindlichkeiten aus Pensionsgeschäften mit Ausländern und Wechselrediskontierungen im Ausland. Diese Maßnahmen

[11] Die freien Liquiditätsreserven der Kreditinstitute beliefen sich im September 1969 auf 11,9 v.H. des Einlagevolumens und waren damit annähernd so hoch wie im September 1967 (12,4 v.H.). Vgl. Monatsberichte der Deutschen Bundesbank, Statistischer Teil I, 3.

trugen dazu bei, die von den Marktfaktoren ausgehende Verminderung der Bankenliquidität im I. Quartal 1970 zu verstärken und die marktbedingte Zufuhr liquider Mittel im II. Quartal 1970 abzuschwächen. Die unverändert restriktive Liquiditätspolitik der Notenbank dürfte daraufhin gewirkt haben, daß sich die Zinssätze für Kontokorrentkredite und Wechseldiskontkredite zwischen Februar und Mai 1970 je um 1,39 % bei einer Diskontsteigerung von 1,5 % erhöhten und die Senkung der Bankrate vom 16. Juli 1970 um 0,5 % nur zu 40 v.H. (Kontokorrentkredite) bzw. 70 v.H. (Wechseldiskontkredite) auf die Marktzinssätze durchschlug.

Die Schwankungen der Bankenliquidität berührten die Einlagenzinssätze in unterschiedlichem Maß. Bei den Konditionen für Spareinlagen ist kein Zusammenhang ersichtlich. Die Zinssätze für Termineinlagen dagegen stiegen besonders in der dritten Periode bei absolut stark abnehmender Bankenliquidität[12] derart, daß sich darin das Bestreben der Kreditinstitute ausdrückt, mit attraktiven Konditionen zusätzliche liquide Mittel an sich zu ziehen. Die Bankenliquidität nahm z.B. zwischen November 1969 und Februar 1970 um rund 5 Mrd. DM ab, parallel dazu vergüteten Kreditinstitute im Februar 1970 durchschnittlich knapp 2 % höhere Zinssätze für Termineinlagen als im November 1969 bei unverändertem Diskontsatz.

Die Bundesbank hat mit der expansiven Liquiditätspolitik in den Jahren 1967 und 1968 die sinkende Tendenz der Sollzinssätze begünstigt und mit der restriktiven Politik besonders Ende 1969/Anfang 1970 die Banken veranlaßt, Zinserhöhungen nachzuholen. Dabei ließ die Notenbank entweder marktbedingte Liquiditätsabflüsse zu (IV. Quartal 1969), verstärkte mit liquiditätspolitischen Maßnahmen den Abfluß (III. Quartal 1969, I. Quartal 1970) oder versuchte, den marktbedingten Zufluß liquider Mittel zu kompensieren (II. Quartal 1969 und 1970). Der liquiditätspolitische Kurs der Notenbank unterstützte die Wirkung der restriktiven Diskontpolitik am Bankenkreditmarkt. Es war jedoch — auch wegen der spekulativen Liquiditätszu- und -abflüsse im Bankensystem — nicht zu verhindern, daß „die Soll- und Habenzinsen der Kreditinstitute den Diskontänderungen der Bundesbank und den Schwankungen der Bankenliquidität nur mit Verzögerungen und in der Regel nur mit geringerem Ausmaß“[13] folgten.

b) Offenmarktgeschäfte mit Nichtbanken als „neues“ Instrument

Die Deutsche Bundesbank betrieb von Ende 1967 bis Anfang 1969 Offenmarktgeschäfte mit Nichtbanken und Banken in längerfristigen

---

12 Die freien Liquiditätsreserven der Kreditinstitute betrugen Ende Juni 1969 34,3 Mrd. DM und verminderten sich bis Ende Juli 1970 auf 20,3 Mrd. DM. Vgl. Monatsberichte der Deutschen Bundesbank, Statistischer Teil I, 3.

13 Geschäftsbericht der Deutschen Bundesbank für das Jahr 1970, S. 59.

Wertpapieren. Die Notenbank vergrößerte besonders im IV. Quartal 1967 die liquiden Mittel der Banken, um den am Rentenmarkt auftretenden leichten Zinsauftrieb zu bremsen, der einer beabsichtigten allgemeinen Zinssenkung zuwiderlief[14].

Den Kritikern der Zinsfreigabe war entgegnet worden, die Aufhebung der Zinsverordnung ermögliche es der Zentralbank, durch Offenmarktgeschäfte mit Nichtbanken nicht nur in langfristigen Wertpapieren, sondern auch in Geldmarktpapieren die Zinsbildung am Bankeneinlagen- und -kreditmarkt zu beeinflussen. Entweder kann dies indirekt über die Veränderung der Bankenliquidität geschehen oder direkt, indem die Notenbank in Konkurrenz zu den Kreditinstituten tritt und Nichtbanken zinsgünstigere Mittelanlagen bietet.

Für Offenmarktgeschäfte sind auf kurz- und mittelfristige Sicht geeignet: Schatzwechsel, unverzinsliche Schatzanweisungen, Privatdiskonten, Vorratsstellenwechsel und Kassenobligationen sowie bei längerfristigen Transaktionen alle börsenfähigen Schuldverschreibungen. Als Marktpartner der Notenbank kommen Nichtbanken in Betracht, die über ausreichende liquide Mittel verfügen: Private Unternehmen, Kapitalsammelstellen und auch private Haushalte. Private Unternehmen halten überschüssige Mittel meist als Termingelder bei Kreditinstituten; alternativ würde sich der Kauf von Geldmarktpapieren der gleichen Laufzeit anbieten. Statt kurzfristige Kredite bei Banken nachzufragen, könnten Unternehmen — sofern vorhanden — Geldmarktpapiere bei Fälligkeit nicht mehr durch den Kauf neuer Papiere ersetzen. Die Unternehmen könnten die Wertpapiere auch vorzeitig zurückgeben, hätten aber den Zinsverlust aus der Differenz zwischen dem Abgabesatz und dem in der Regel darüberliegenden Rücknahmesatz zu tragen. Kapitalsammelstellen sind bestrebt, aus kurz-, mittel- und langfristigen Anlagen eine maximale Rendite zu ziehen. Die Zentralbank kann die Abgabesätze für Geldmarktpapiere in Konkurrenz zu den Zinssätzen der Kreditinstitute festlegen oder Anleihen der öffentlichen Haushalte offerieren. Private Haushalte verfügen über Spargelder, die in unverzinsliche Schatzanweisungen oder Kassenobligationen umzuschichten wären. Im Einzelfall muß es sich jedoch um zinsbewußte Nichtbanken handeln, die größere Beträge einsetzen.

Wenn die Notenbank Nichtbanken kurz- und mittelfristige Geldmarktpapiere anbietet und die Abgabesätze so festlegt, daß die Verzinsung der Wertpapiere die Konditionen der Kreditinstitute für Spar- und Termineinlagen übersteigt, ist sie in der Lage, auf das Zinsniveau am Bankeneinlagenmarkt einzuwirken. Da die Kreditinstitute befürchten müssen, durch die Konkurrenz der Zentralbank einen Teil der bei

[14] Vgl. Monatsberichte der Deutschen Bundesbank, Oktober 1967, S. 6.

ihnen gehaltenen Einlagen zu verlieren, werden sie ihre Zinssätze auf das von der Notenbank geschaffene Zinsniveau anheben. Verzichten die Institute auf eine Zinserhöhung und kaufen die Nichtbanken daraufhin Geldmarktpapiere, verliert der Bankenapparat liquide Mittel; auch im laufenden Passivgeschäft der Kreditinstitute verringert sich das Mittelangebot. Um dem zu begegnen, werden die Institute schließlich gezwungen sein, ihre Einlagenkonditionen heraufzusetzen. Wenn die Zentralbank am Bankeneinlagenmarkt ein höheres Zinsniveau durchgesetzt hat, schrumpft die Zinsspanne der Banken, so daß sie aus Rentabilitätsgründen die Sollzinssätze anheben müssen. Auch durch den Verkauf langfristiger Wertpapiere am offenen Markt an Nichtbanken löst die Notenbank zinssteigernde Tendenzen aus. Zunächst erhöht sich das Zinsniveau am Kapitalmarkt. Es kann daher für Nichtbanken erwägenswert sein, sich auch bei langfristigem Kreditbedarf verstärkt kurzfristig zu verschulden, so daß es zu einer größeren Nachfrage am Bankenkreditmarkt kommt. Darüberhinaus nehmen die liquiden Mittel der Banken ab, da die Nichtbanken die Wertpapiere zu Lasten ihrer Einlagen oder mit zusätzlichen Krediten kaufen. Auf die größere Nachfrage nach kurzfristigen Krediten bei gleichzeitig verschlechterter Liquiditätslage werden die Banken mit Zinserhöhungen im Aktiv- und Passivgeschäft reagieren.

Die Notenbank konkurriert direkt mit den Kreditinstituten, wenn sie Nichtbanken Geldmarktpapiere zu Konditionen anbietet, die über denen der Institute für Spar- und Termineinlagen liegen. Will die Zentralbank das Zinsniveau am Bankeneinlagenmarkt senken, ist dieser direkte Weg nicht möglich. Die Kreditinstitute hätten nicht zu befürchten, daß bei ihnen gehaltene Einlagen abgezogen werden, um statt in Spar- und Termineinlagen niedriger verzinst in Geldmarktpapieren angelegt zu werden. Die Notenbank muß daher versuchen, dem Bankenapparat liquide Mittel zuzuführen, indem sie bereits im Nichtbankensektor vorhandene Geldmarktpapiere zurücknimmt oder am Kapitalmarkt Wertpapiere kauft. Nichtbanken werden bei einer Senkung der Abgabesätze unter die Konditionen am Bankeinlagenmarkt ihre Geldmarktpapiere auslaufen lassen und die ihnen zufließenden liquiden Mittel den Kreditinstituten zur Verfügung stellen. Dieses zusätzliche Angebot an Einlagen kann die Banken veranlassen, die Passivkonditionen herabzusetzen. Es steht den Nichtbanken auch frei, das Zentralbankgeld zur Rückführung oder anstelle von Krediten einzusetzen, womit Nachfrage am Bankenkreditmarkt ausfällt und Zinssenkungstendenzen möglich sind. Durch Wertpapierkäufe der Notenbank am Kapitalmarkt kann der dort herrschende Zinssatz und damit zusammenhängend der für kurzfristige Bankkredite sinken. Um die Zinsspanne zu halten, werden die Kreditinstitute auch die Einlagenzinssätze ermäßigen.

Die Notenbank verändert durch Offenmarktgeschäfte mit Nichtbanken deren Nettoposition gegenüber den Banken[15]. Kaufen Nichtbanken Wertpapiere von der Zentralbank, verschlechtert sich ihre Position, verkaufen die Nichtbanken Wertpapiere, verbessert sich die Position. Die resultierenden Zinsauftriebs- und Zinssenkungstendenzen kommen aber nur zustande, wenn es der Notenbank gelingt, Nichtbanken zu veranlassen, mit ihr zu kontrahieren. Es ist für den Erfolg der Offenmarktgeschäfte weiter entscheidend, daß die Notenbank und die Nichtbanken über genügend Geld- und Rentenmarktpapiere verfügen. Die Deutsche Bundesbank besaß Ende 1969 an längerfristigen Wertpapieren Anleihen und Schatzanweisungen der Bundesrepublik Deutschland, der Bundesbahn und -post, sonstige inländische Rentenpapiere und Schuldverschreibungen der Weltbank im Wert von 1.031 Mrd. DM[16]. Der Bestand an börsenfähigen Schuldverschreibungen für Offenmarktgeschäfte mit Nichtbanken dürfte damit unter 1 Mrd. DM gelegen haben. Demgegenüber befanden sich zum gleichen Zeitpunkt Obligationen inländischer Emittenten im Wert von fast 70 Mrd. DM in den Händen inländischer Nichtbanken[17] Von der Verteilung der Wertpapiere bei der Bundesbank und im Nichtbankensektor her wäre eine expansive eher als eine restriktive Offenmarktpolitik möglich gewesen. An Geldmarktpapieren kann die Deutsche Bundesbank gemäß § 42 und § 42 a Bundesbankgesetz Schatzwechsel und unverzinsliche Schatzanweisungen (Mobilisierungs- und Liquiditätspapiere) im Betrage von mehr als 16 Mrd. DM einsetzen und zusätzlich Kassenobligationen des Bundes, der Bundesbahn und -post emittieren. Dagegen waren die Bestände an Geldmarktpapieren im Nichtbankensektor in der Vergangenheit gering; sie betrugen Ende 1970 rund 2 Mrd. DM[18]. Eine restriktive Offenmarktpolitik mit Nichtbanken in Geldmarktpapieren wäre nach der Zinsfreigabe vom Bestand an Papieren aus gesehen möglich gewesen, eine expansive Politik aber kaum. Um den Mangel an Geldmarktpapieren im Nichtbankensektor zu beseitigen und die Offenmarktgeschäfte mit Nichtbanken zu aktivieren, hat die Deutsche Bundesbank im Juni 1971 allen inländischen Kaufinteressenten, also nicht wie bis dahin nur Sozialversicherungsträgern, unverzinsliche Schatzanweisungen der Bun-

---

[15] Vgl. Cl. Köhler: Geldwirtschaft, I. Band, Geldversorgung und Kreditpolitik, S. 105 f.

[16] Vgl. Geschäftsbericht der Deutschen Bundesbank für das Jahr 1969, S. 131.

[17] Vgl. Monatsberichte der Deutschen Bundesbank, August 1971, S. 24.

[18] Deutsche Bundesbank, Gesamtwirtschaftliche Finanzierungsrechnung sowie Bestand an Geldvermögen und Verpflichtungen 1970, in: Monatsberichte, Mai 1971, S. 53.

desrepublik Deutschland angeboten[19]. Die Geldmarktpapiere haben eine Laufzeit zwischen 6 und 24 Monaten, eine Stückelung von 10 000,— DM oder ein Vielfaches davon und sind von der Bundesbank mit oder ohne vorzeitige Rücknahmemöglichkeit ausgestattet. Unverzinsliche Schatzanweisungen, die in die Marktregulierung einbezogen sind, werden niedriger verzinst als Papiere, die erst zur Endfälligkeit einzulösen sind. Die Rendite der Geldmarktpapiere steigt mit der Laufzeit, bei Papieren mit vorzeitiger Rückgabemöglichkeit von 5,39 % (auf 6 Monate), bis 5,7 % (auf 24 Monate), bei solchen ohne vorzeitige Rückgabemöglichkeit von 5,92 % bis 6,45 % (Stand: Juni 1971). Nichtbanken, die eine feste Anlage von z. B. 10 000,— DM für 12 Monate erwägen, können also Kreditinstituten

a) eine Termineinlage (Zinssatz im Juni 1971: rund 5,5 %[20] oder

b) eine Spareinlage (Zinssatz im Juni 1971: 5,75 %[20]) anbieten

oder

c) eine unverzinsliche Schatzanweisung (Nominalzins 5,875 %, Rendite 6,24 % im Juni 1971) von der Bundesbank kaufen.

Die Deutsche Bundesbank steht durch das Angebot, unverzinsliche Schatzanweisungen allen Nichtbanken zu überlassen, im Wettbewerb mit den Banken und kann erwarten, daß Nichtbanken aufgrund der Verzinsung, die im Juni 1971 höher war als die für vergleichbare Einlagen am Bankeneinlagenmarkt, die Geldmarktpapiere nachfragen. Damit würden sich die Bestände an diesen Papieren im Nichtbankensektor erhöhen, so daß für die Zukunft eine expansive Offenmarktpolitik auch in Geldmarktpapieren möglich wäre.

Die Beziehungen der Notenbank zu Nichtbanken ließen sich nach der Zinsfreigabe noch mehr intensivieren, wenn die Bundesbank in allen Sparten der Banktätigkeit mit den Kreditinstituten konkurrierte. Die Bundesbank müßte bereit sein, Nichtbanken Kredite zu gewähren, wie es der Bank deutscher Länder im Gebiet der ehemaligen französischen Besatzungszone bis 1957 gestattet war[21] und verzinsliche Einlagen entgegennehmen. Die Notenbank wäre so in der Lage, durch Konkurrenzangebote das herrschende Habenzinsniveau anzuheben und auch die Zinssätze am Bankenkreditmarkt zu senken. Das Verfahren der direkten Kredit- und Einlagengeschäfte mit Nichtbanken erscheint jedoch nicht praktikabel, da

1. das Vertrauen der Öffentlichkeit in die Integrität der Zentralbank gestört würde,

---

[19] Vgl. Pressenotiz der Deutschen Bundesbank vom 3. Juni 1971: Aktivierung der Offenmarktgeschäfte der Deutschen Bundesbank.

[20] Mitgeteilt von einem Bankenverband.

[21] Vgl. Geschäftsbericht der Deutschen Bundesbank für das Jahr 1957, S. 10.

2. die Funktion der Notenbank als „Bank der Banken" unterminiert wäre und
3. die Bundesbank in Konflikte käme, wenn sie gleichzeitig gesamtwirtschaftliche Aufgaben zu erfüllen und einzelwirtschaftliche Rücksichten zu nehmen hätte.

II. Die Lage der Banken

1. Bankenrentabilität

a) Die Entwicklung der Zinsspanne

Vor der Zinsfreigabe ging die Zinsspanne der Banken bei einer expansiven Kreditpolitik tendenziell zurück, während sich die Spanne bei einer restriktiven Politik vergrößerte (s. Punkt C II 2). Dieser Zusammenhang ist so zu deuten, daß die Sollzinsen wesentlich stärker einen Umschwung in der Kreditpolitik nachvollzogen als die Habenzinsen.

Es interessiert zunächst, ob sich an der Beziehung zwischen den kreditpolitischen Maßnahmen der Notenbank und der Höhe der jeweiligen Zinsspanne nach der Zinsfreigabe etwas geändert hat. Der Untersuchung liegt eine Zinsspanne (ZS) zugrunde, die wie folgt berechnet wird:

$$ZS = \frac{Z_K \cdot V_K + Z_W \cdot V_W}{V_K + V_W} - \frac{Z_T \cdot V_T + Z_{Sges} \cdot Z_{Sges} + Z_{S\,12} \cdot V_{S\,12}}{V_T + V_{Sges} + V_{S\,12}}$$

Dabei steht: Z für durchschnittlichen Zinssatz
V für Kredit- bzw. Einlagevolumen bezogen auf das Massengeschäft
Index W für Wechseldiskontkredite
Index K für Kontkorrentkredite
Index T für Termineinlagen auf 3 Monate
Index $Sges$ für Spareinlagen mit gesetzlicher Kündigung
Index $S12$ für Spareinlagen mit 12monatiger Kündigung

Die durchschnittlichen Zinssätze beziehen sich auf das Massengeschäft der Kreditinstitute, die in der Bankenstatistik der Deutschen Bundesbank ausgewiesenen Kredit- bzw. Einlagenvolumen auf das Gesamtgeschäft der Institute. Der Anteil am Gesamtkreditvolumen, der auf das Massengeschäft entfällt, wird mit rund 50 v.H. angegeben[22]; er schwankt um diesen Wert, je nachdem, ob die Bundesbank einen

[22] Vgl. W. Könneker: Die Zinsverordnung, ihre Aufgaben und die Grenzen, in: Zeitschrift für das gesamte Kreditwesen, Heft 1, 1966, S. 20.

Tabelle 10

Die Entwicklung der Zinsspanne im Massengeschäft nach der Zinsfreigabe

Zeitpunkt[a)]	I Zinssatz im Aktiv-geschäft (%)	II Zinssatz im Passiv-geschäft (%)	Differenz I und II: Zinsspanne (%)	Kredit-politischer Kurs
1967				
Juni	6,94	3,77	3,17	
September	6,78	3,72	3,06	
Dezember	6,77	3,74	3,03	Von Juni 1967
				bis Februar
1968				1969:
März	6,78	3,70	3,08	Expansiv
Juni	6,74	3,75	2,99	
September	6,67	3,74	2,93	
November	6,60	3,76	2,84	
1969				
Februar[b)]	6,65	3,80	2,85	
Mai	7,29	3,81	3,48	
August	8,24	4,31	3,93	
November	8,82	4,35	4,47	Von März
				1969 bis
1970				August 1970:
Februar	9,62	5,08	4,54	Restriktiv
Mai	11,03	5,60	5,43	Im Juli 1970:
August	10,76	5,59	5,17	Diskont-
				senkung

a) Zinssätze festgestellt in der jeweiligen Monatsmitte, Volumen am Monatsende.

b) In der ab 1. Januar 1969 umgestellten Bankenstatistik wird teilweise die Befristung der Einlagen und Kredite geändert:

1. Volumen der langfristigen Wechseldiskontkredite bisher geschätzt und eliminiert. Die Schätzung beruht auf der ab Februar 1969 erkennbaren Relation der Volumen von lang- und kurzfristigen Wechseldiskontkrediten.
2. Volumen der Termineinlagen bisher für die Laufzeit von 3 bis 6 Monaten, ab Februar 1969 für 3 bis 12 Monate. Für die Zeit ab Februar 1969 vergleichbar gemacht durch Schätzung mittels der bis November 1968 bekannten Volumen für Termineinlagen auf 6 bis 12 Monate.
3. Volumen der Spareinlagen mit 12- bis 30monatiger Kündigung ab Februar 1969 für Einlagen mit 12- bis 48monatiger Kündigung. Geringe Abweichung bleibt bestehen.

Quelle: Berechnet auf der Grundlage der Banken- und der Zinsstatistik der Deutschen Bundesbank.

restriktiven oder expansiven Kurs verfolgt[23]. Entsprechend den Angaben eines Bankenverbandes kann man davon ausgehen, daß die in der Bankenstatistik ausgewiesenen Volumen für Termineinlagen etwa zur Hälfte das Massengeschäft betreffen, während Spareinlagen fast ausschließlich zu den im Massengeschäft gültigen Konditionen verzinst werden. Setzt man die vorliegenden durchschnittlichen Zinssätze und die auf das Massengeschäft bezogenen Einlagen- und Kreditvolumen in die Gleichung ein, so läßt sich eine Zinsspanne für die Zeitpunkte bestimmen, zu denen die Bundesbank Zinserhebungen durchführte. (Tabelle 10).

An der Entwicklung der Zinsspanne nach 1967 ist abzulesen, daß die Zinsfreigabe an der Beziehung zwischen einer restriktiven/expansiven Kreditpolitik und der jeweiligen Höhe der Zinsspanne grundsätzlich nichts geändert hat. Abgesehen von nicht gravierenden Unsicherheiten, die auf der Umstellung der Bankenstatistik durch die Deutsche Bundesbank Ende 1968 beruhen, zeigt es sich, daß die Zinsspanne von Juni 1967 bis Februar 1969 in der Zeit der expansiven kreditpolitischen Maßnahmen kontinuierlich schrumpfte. Der im März 1969 einsetzende restriktive Kurs der Bundesbank ließ die Zinsspanne der Kreditinstitute wieder anwachsen. Von Mai 1969 bis Mai 1970 reagierten die Sollzinssätze ausgeprägter auf Diskonterhöhungen als die Konditionen für Spareinlagen, wobei das Volumen sowohl der Kredite wie auch der Einlagen um rund 11 Mrd. DM anstieg. Die Steigerung der Zinssätze für Termineinlagen um 4,5 % in dieser Zeit fällt für die Entwicklung der Zinsspanne kaum ins Gewicht, da sich das Volumen der Termineinlagen auf 3 Monate in den Jahren 1969/1970 nur auf rund 5 v.H. des Volumens der Spareinlagen belief. Da nach der Diskontsenkung vom Juli 1970 nur die Zinssätze für Kontokorrent- und Wechseldiskontkredite, sowie in geringerem Maß die für Termineinlagen zurückgingen, die Konditionen für Spareinlagen aber auf dem Niveau vom Mai 1970 verharrten, verminderte sich die Zinsspanne der Kreditinstitute.

Um die Frage nach den Rentabilitätswirkungen der Zinsliberalisierung für das Bankengewerbe zu beantworten, sind nun Zinsspannen zu vergleichen, die Kreditinstitute bei gleich hohem Diskontsatz vor und nach 1967 erwirtschafteten. Gegenübergestellt wird die Spanne bei D = 3 % in den Jahren 1962 bis 1964 und Mitte 1967 bis Anfang 1969, bei D = 4 % (Mai 1966/Mai 1969) und bei D = 5 % (August 1966/August 1969). Die Berechnungsmethode für die Entwicklung der Zinsspanne in den Jahren 1962 bis 1966 entspricht der Methode, die auch bei der Berechnung für die Zeit nach der Zinsfreigabe angewendet wurde. Da es sich um das Massengeschäft der Kreditinstitute handelt,

[23] Vgl. Geschäftsbericht der Deutschen Bundesbank für das Jahr 1962, S. 102; H. Schreihage: Wettbewerb und Wettbewerbsbeschränkung im Kreditgewerbe, in: Zeitschrift für das gesamte Kreditwesen, Heft 1, 1960, S. 15.

sind vor 1967 als Konditionen für Kontokorrentkredite D + 4,5 %, für Wechseldiskontkredite D + 2,5 % (vor dem 1. März 1965) bzw. D + 3 % (1966) und für Einlagen die jeweils gültigen administrativen Höchstzinssätze zugrunde gelegt.

Vergleich der Zinsspannen bei verschieden hohen Diskontsätzen vor und nach der Zinsfreigabe:

Vor der Zinsfreigabe		Nach der Zinsfreigabe	
Zeitpunkt	Zinsspanne (%)	Zeitpunkt	Zinsspanne (%)
Diskontsatz = 3 %			
Dezember 1962	3,28	Dezember 1967	3,03
Dezember 1963	3,32	November 1968	2,84
Dezember 1964	3,34	Februar 1969	2,85
Diskontsatz = 4 %			
Mai 1966	3,96	Mai 1969	3,48
Diskontsatz = 5 %			
August 1966	4,24	August 1969	3,93

Anmerkung: Zeitliche Abgrenzungsänderungen der Zinskategorien sind — soweit möglich — eliminiert. Volumen der Spareinlagen auf 12 Monate ist für 1962 bis 1964 geschätzt.

Quelle: Berechnet unter Zugrundelegung der Bankenstatistik und der Zinsstatistik der Deutschen Bundesbank.

Aus den Berechnungen geht hervor, daß die Zinsspanne im Massengeschäft vor der Zinsfreigabe um rund 0,25 % bis 0,5 % höher lag als nach 1967. Die Zinsspanne scheint nach der Zinsfreigabe bei gleich hohem Diskontsatz stärker zu schwanken[24] als in den Jahren 1962 bis 1964[25]. Daraus folgt, daß die Kreditinstitute nicht mehr von einem annähernd gleichbleibendem Beitrag des Zinsüberschusses zur Rentabilitätserhaltung ausgehen können.

Neben dem Rückgang der im Massengeschäft erwirtschafteten Zinsspanne dürfte die Gesamtzinsspanne der Kreditinstitute auch dadurch beeinträchtigt worden sein, daß die Institute bei Kunden mit Verhandlungsmacht im Aktivgeschäft die Konditionen nur mit größeren Schwierigkeiten halten bzw. erhöhen konnten und bedeutendere Zinszugeständnisse im Passivgeschäft machen mußten als vor der Zinsfreigabe[26].

[24] Der deutsche Sparkassen- und Giroverband kommentiert die Ansicht, „daß die Zinsspanne der Kreditinstitute eine unbewegliche Größe sei" und kommt zu dem Schluß: „Das ist tatsächlich jedoch nicht der Fall, wie die Erfahrungen seit der Zinsliberalisierung hinreichend gezeigt haben." Jahresbericht des deutschen Sparkassen- und Giroverbandes e.V. 1968, S. 60.

[25] Zwischen Juni 1967 und Februar 1969 variierte die Zinsspanne zwischen 2,84 % und 3,17 % (berechnet nach der oben angeführten Methode zu den Zeitpunkten der Erhebungen der Deutschen Bundesbank).

[26] Vgl. Banque National de Belgique Bulletin d'Information et de Documentation, Vol. II, No. 2, Août 1970, S. 167: „La réduction, effective (de la marge entre intérêts débiteurs et crediteurs, d. V.) a été probablement plus forte qu'il ne ressort, du résultat des enquêtes, car celles-ci ne retiennent pas les intérêts appliqûes aux grandes opérations où, selon d'autres indormations, la concurrende est encore plus sévere."

Die aus dem Massengeschäft resultierende Zinsspanne wurde für das gesamte Bankengewerbe ermittelt; über die von einzelnen Kreditinstituten erzielte Spanne ist damit kaum etwas ausgesagt. Theoretisch könnte eine Bank bei vollkommen reagiblen Konditionen die Zinsspanne etwa konstant halten, unabhängig von der Kreditpolitik und der eigenen Bilanzstruktur. Sind Richtwerte (Diskontsatz, Zinsempfehlungen) für die Zinshöhe vorhanden und ist die Struktur der Aktiv- und Passivseite je nach Kreditinstitut verschieden, werden sich ändernde Richtwerte die individuelle Zinsspanne unterschiedlich beeinflussen: Je mehr Aktivposten von einer Senkung (Erhöhung) und je weniger Passivposten von einer Erhöhung (Senkung) der Zinssätze betroffen sind, desto günstiger (ungünstiger) entwickelt sich die Spanne. Kreditinstitute, die ihre Sollzinssätze überwiegend an den Diskontsatz koppelten und deren Passivseite von Spargeldern gekennzeichnet war, wirtschafteten bis Anfang 1970 rentabler als Institute, die sich mehr im Großkreditgeschäft engagierten und auf Termineinlagen als Refinanzierung zurückgriffen. Die umgekehrte Tendenz bahnte sich dagegen ab Mitte 1970 an, als die diskontgebundenen Sollzinssätze zu sinken begannen, während die Zinssätze für Spareinlagen im Gegensatz zu denen für Termineinlagen auf annähernd demselben Niveau wie im April 1970 verharrten. Ein Anhaltspunkt, in welchem Maß die Zinsfreigabe die Rentabilitätslage einzelner Banken beeinträchtigte, wird sich aus der Gegenüberstellung der Konkurse und Vergleiche im Kreditgewerbe für die Zeit vor und nach 1967 ergeben.

b) Insolvenzen und Fusionen

Der im Gefolge der Zinsfreigabe befürchtete starke Anstieg der Insolvenzen (Konkurse und Vergleichsverfahren) im Bankgewerbe ist ausgeblieben. Ab 1959 hat folgende Anzahl von Kreditinstituten die Zahlungen eingestellt:

Jahr	Insolvenzen
1959	5
1960	2
1961	5
1962	18
1963	8
1964	8
1965	8
1966	14
1967	13
1968	7
1969	10
1970	26

Quelle: Wirtschaft und Statistik, Hrsg. Statistisches Bundesamt. Tabelle: Konkurse und Vergleichsverfahren nach Wirtschaftszweigen, jeweils Heft 2 für 1960—1962, Heft 3 für 1963—1971.

Die Entwicklung der Insolvenzen im Bankgewerbe schien bis 1967 in gewissem Umfang konjunkturabhängig zu sein. Darauf deuten die überdurchschnittlichen hohen Ziffern für 1962, 1966 und 1967 hin, als die konjunkturelle Aufwärtsentwicklung in Deutschland sich abschwächte. Es ist auffallend, daß nach der Zinsliberalisierung mehr Institute als in vergleichbaren Konjunkturphasen davor die Zahlungen einstellten: Im Jahre 1970 wurde mit 26 Insolvenzen der absolute Höchststand seit 1959 erreicht. Man könnte zwar vermuten, daß die Zinsfreigabe dazu beigetragen hat, Insolvenzen im Bankgewerbe zu fördern, doch ist die inzwischen verstrichene Zeit zu kurz, um darüber eine eindeutige Aussage machen zu können — zumal die Häufigkeitszahlen in einer relativ niedrigen Größenordnung schwanken. Die Statistik belegt nur, daß es nicht zu einem sprunghaften Anwachsen der Insolvenzen im Bankgewerbe nach der Zinsfreigabe gekommen ist.

Ab 1960 nimmt die Zahl der Kreditinstitute, die fusionieren, ständig zu. Daran sind vor allem Genossenschaftsbanken beteiligt. Im Jahre 1968 waren unter den 637 Kreditinstituten, die ihre Selbständigkeit aufgaben, allein 624 Institute des Raiffeisensektors; in wesentlich geringerem Umfang fusionierten auch Sparkassen und Privatbanken[27]. Die Entwicklung im einzelnen:

Jahr	Bankstellen insgesamt	Veränderung Kreditinstitute	Veränderung Zweigstellen	Veränderung Bankstellen
1960	30 027	./. 43	+ 1 691	+ 1 648
1961	31 304	./. 107	+ 1 384	+ 1 277
1962	32 227	./. 192	+ 1 115	+ 923
1963	33 023	./. 244	+ 1 040	+ 796
1964	33 932	/./ 369	+ 1 278	+ 909
1965	34 882	./. 511	+ 1 461	+ 950
1966	35 955	./. 480	+ 1 553	+ 1 073
1967	37 144	./. 497	+ 1 686	+ 1 189
1968	38 616	./. 637	+ 2 109	+ 1 472
1969	39 976	./. 686	+ 2 046	+ 1 360
1970	40 800	./. 987	+ 1 811	+ 824

Quelle: Monatsberichte der Deutschen Bundesbank, Mai 1971, S. 39*.

In den Veränderungsziffern für die Kreditinstitute sind jeweils die Insolvenzen enthalten, so daß z. B. im Jahre 1969 676 Institute fusionierten und 10 Institute die Zahlungen einstellten. Die Anzahl der Insolvenzen wird — größenordnungsmäßig — gegenüber den Veränderungsziffern der Kreditinstitute seit 1962 unbedeutender und kann vernachlässigt werden. Die Tabelle zeigt, daß sich die Zahl der Bankstellen von 1960 bis 1970 um über 10 000 erhöht hat. Das ist darauf zurückzuführen, daß die Zahl der Zweigstellen, die pro Jahr eröffnet wurden,

[27] Vgl. W. Kapteina: Verstärkte Konzentration im deutschen Kreditgewerbe, in: Bank-Betrieb, Nr. 5, 1969, S. 174.

die der Kreditinstitute, die ihre Selbständigkeit aufgaben, regelmäßig übertraf. Größtenteils wurden diese Institute als Zweigstellen der übernehmenden Banken fortgeführt[28]. Allgemein geht die Tendenz dahin, daß weniger selbständige Kreditinstitute mit mehr Zweigstellen existieren. Nach 1967 hat sich diese Entwicklung noch verstärkt: „Durch die Zinsfreigabe bekommt der schon seit einigen Jahren in der Raiffeisen-Organisation betriebene Rationalisierungsprozeß, an dessen Ende allein noch gesteigert leistungsfähige Kreditgenossenschaften stehen sollen, neue, zwingende Impulse[29].“ Der Rationalisierungsprozeß läuft darauf hinaus, daß „die Raiffeisenbanken künftig ... ihre Fusionsbemühungen verstärken müssen“[30]. Die Feststellungen beziehen sich auf eine der deutschen Bankengruppen, lassen aber keine Rückschlüsse dahingehend zu, daß die Zinsliberalisierung für die verstärkte Fusionstätigkeit im gesamten Bankenapparat verantwortlich ist. Generell kommen folgende Gründe für die wachsende Bereitschaft der Kreditinstitute, sich zusammenzuschließen, in Betracht[31]:

1. Kostendegression bei größeren Einheiten
2. Gemeinsamer Einsatz von Elektronischen Datenverarbeitungsanlagen
3. Zusammenfassung von Spezialabteilungen
4. Stärkung der Eigenkapital- und Einlagenbasis
5. Verbesserter interner Geldausgleich.

Die Zinsfreigabe hat dazu beigetragen, den Konzentrationsprozeß innerhalb des Raiffeisensektors zu beschleunigen. Die Zinsfreigabe hat aber keine zusätzliche Fusionswelle bewirkt; für die Zunahme der Zusammenschlüsse können kosten- und absatzmäßige Gesichtspunkte als Erklärung herangezogen werden.

c) *Maßnahmen zur Sicherung der Rentabilität*

aa) Differenzierte Zinssätze

Durch die Zinsfreigabe können einzelne Banken ihre Aktiv- und Passivzinssätze flexibel bestimmen und es den Nichtbanken überlassen, die Konditionen zu akzeptieren oder abzulehnen. Obwohl dies in der Praxis überwiegend nicht verwirklicht wird, bleibt den Kreditinstituten ein Spielraum, innerhalb dessen sie die Höhe der Zinssätze differenzieren:

---

[28] Vgl. Monatsberichte der Deutschen Bundesbank, Februar 1968, S. 32.

[29] J. Kleinhaus: Zinsexperimenten ist jetzt Tür und Tor geöffnet, in: Raiffeisen-Rundschau, Heft 4, 1967, S. 135.

[30] Derselbe: Warnungen vor der Zinsfreigabe in vollem Umfang bestätigt, in: Raiffeisen-Rundschau, Heft 7, 1967, S. 268 f.

[31] Vgl. P. Hüchting: Kooperation, Notwendigkeit und Formen, in: Bank-Betrieb, Nr. 11, 1968, S. 321.

1. Die Institute sind in der Lage, Konditionen der örtlichen Konkurrenzsituation anzupassen. Besonders Banken mit einem verzweigten Filialnetz werden versuchen, bei örtlich schwachem Wettbewerb einen hohen Zinsüberschuß zu erzielen, der Einbußen an anderen Plätzen ausgleicht.

2. Banken würdigen in den Kreditkonditionen verstärkt die Bonität der Kunden. Größere Risiken sind mit höheren Kosten verbunden: Die Institute versuchen, Zugeständnisse an verhandlungsmächtige Nichtbanken aufzufangen, indem sie Kreditnehmern mit geringerer oder mangelnder Verhandlungsmacht zusätzliche Zinsen berechnen[32]. Auf der Passivseite sind Kreditinstitute nicht mehr gezwungen, Einlagen potenter Kunden illegal hoch zu verzinsen. Umständliche Absprachen entfallen, so daß Banken als Anlageinstitute vor allem für „große“ Termingelder attraktiver werden.

3. Optisch niedrige, damit kundenanziehende Zinssätze bei Kontokorrent- und Wechseldiskontkrediten[33] können variiert werden, wenn man die Konditionen aufspaltet in einen Zins- und einen Provisionsteil (Umsatzprovisions- und Postenentgelte)[34].

---

[32] Vgl. Cl. Köhler: Hat sich die Zinsfreigabe bewährt?, in: Der Volkswirt, Nr. 20, 17. Mai 1968, S. 27.
Ähnlich verhalten sich Kreditinstitute, wenn z. B. die Kosten für die Mindestreserve steigen; sie versuchen, so deuten verschiedene Institute an, von Kreditnehmern, die nicht mit Geldaufnahmen ins Ausland ausweichen können, höhere Sollzinsen zu fordern. Vgl. Zins für Termingelder vielfach ermäßigt, in: Frankfurter Allgemeine Zeitung, Nr. 193, 22. August 1970.

[33] Kreditinstitute sollen für Wechseldiskontkredite kurz nach der Zinsfreigabe neben einem Vorzugssatz von D + 2 % 1/3 % p. M. Kreditprovision gefordert haben. Vgl. Cl. Köhler: Monetäre Hilfen für einen neuen Wirtschaftsaufschwung, in: Wirtschaftswissenschaftliche Mitteilungen, August/September 1967, S. 222 f.

[34] Eine detaillierte Auswahl der nach der Zinsfreigabe möglichen Berechnung der Kreditkosten gibt K. H. Katterfeld: Gestaltungsmöglichkeiten der Kreditkonditionen im Kontokorrentverkehr nach der Zinsfreigabe, in: Bankbetriebliche Information, Heft 3, 15. Juni 1967, S. 68 ff. Danach können Kreditinstitute für Kontokorrentkredite berechnen:

1. Zinsen auf Zinszahlen nach der Nettomethode ohne Kreditprovision, aber mit Überziehungsprovision. Der vorgeschlagene Zinssatz beträgt D + 4,75 % p. a., die Überziehungsprovision 1,5 % p. a.
2. Vorausberechnete Kreditprovision auf den zugesagten Kreditbetrag (3 % p. a.), Zinsen auf das tatsächliche Kreditvolumen (4,75 % p. a.) und Überziehungsprovision (1,5 % p. a.).
3. Nachträgliche Belastung der Kreditprovision, sonst wie 2.
4. Berechnung der Kreditprovision auf die jeweiligen Höchstsalden, sonst wie 2.
5. Berechnung der Kreditprovision auf der Basis eines p. M. Satzes (0,25 % p. M.), entweder auf den zugesagten oder den in Anspruch genommenen Kreditbetrag, sonst wie 2.
6. Für Minderkonditionen entweder den Sollzinssatz ermäßigen und die Kreditprovision beibehalten oder umgekehrt.

4. Um zu verhindern, daß die Zinserträge unter ein bestimmtes Maß absinken, setzen Kreditinstitute Mindestzinssätze fest[35]. Auch wenn in Kreditverträgen eine Zinsgleitklausel ausgemacht ist, führen dann Diskontsenkungen unter ein bestimmtes Maß zu keiner Zinsentlastung der Nichtbanken, stabilisieren die Ertragslage der Banken oder verbessern sie im Falle nachgebender Habenzinssätze.

bb) Ausbau absatzpolitischer Instrumente

Seit einigen Jahren, besonders aber seit 1967 bemühen sich die Kreditinstitute, absatzpolitische Instrumente[36] wie Absatzmethode, Produktgestaltung und Werbung zu verfeinern und auszubauen. Eine Reihe von Ereignissen kommt dafür als Ursache in Betracht:

1. Die Zahl ausländischer Banken und Finanzierungsgesellschaften, die sich in Deutschland niederließen, nahm zu[37].
2. Das Wettbewerbsabkommen, das den Kreditinstituten vor allem in der Werbung Schranken auferlegte, wurde aufgehoben.
3. Allgemein wuchs die Bedeutung des Dienstleistungssektors[38].

Sicherlich ist auch die Zinsfreigabe eine der wesentlichen Ursachen für die verstärkten absatzpolitischen Aktivitäten, ohne daß anzugeben ist, in welchem Umfang gerade die Aufhebung der Zinsverordnung die Aktivitäten auslöste. Die Struktur der Zinssätze im Massengeschäft zeigt jedoch, daß mit der Zinsliberalisierung der Wettbewerb der Kredit-

---

7. Umsatzprovision: Entweder 0,25 % p. a. auf den reinen Umsatz der Kontoseite, welche die größten Umsätze aufweist, oder 1 % p. a. des in Anspruch genommenen Kreditbetrages.
8. Postenentgelte je Geschäftsvorfall mit Mindestgebühren.

Vgl. auch M. Martersteig: Banktübliche Berechnungsmethoden für Zinsen, Gebühren und Auslagen, in: Bankbetriebliche Information, 15. Februar 1968, S. 13 ff. und 15. April 1968, S. 57 ff. „Vor allem ist damit zu rechnen, daß (nach der Zinsfreigabe, d. V.) ... versucht werden wird, einen optisch günstig wirkenden Zinssatz anzubieten, ohne dabei auf einen angemessenen Nutzen zu verzichten“ (S. 13).

[35] Eine solche Regelung existierte schon zwischen 1953 und 1959. Gemäß einer Verordnung der Bankenaufsicht vom 15. August 1953 sollte der Zinssatz für Kontokorrentkredite nicht unter 8 % fallen, was dadurch erreicht wurde, daß die automatische Koppelung der Konditionen an den Diskontsatz aussetzte, wenn der Diskontsatz unter 3 1/2 % fiel. Am 10. Januar 1959 entfiel diese Bestimmung. Vgl. K. M. Ernst: Die Zinsreglementierung im Kreditgewerbe der Bundesrepublik Deutschland, S. 113.

[36] Vgl. E. Gutenberg: Grundlagen der Betriebswirtschaftslehre, II. Band, Der Absatz, 9. Auflage, S. 123.

[37] Tätigkeitsbericht des Bundeskartellamtes für das Jahr 1969, in: Bundestagsdrucksache IV/950, S. 32 f.

[38] Vgl. P. Penzkofer: Im Sog des Marketing, in: Der Volkswirt, Nr. 35, 29. August 1969, S. 31.

institute zugenommen hat[39], wodurch die Institute veranlaßt werden, den Absatz ihrer Dienstleistungen mehr als vor 1967 zu fördern[40]. Dazu gehört, daß die Banken ihre Absatzmethoden ausbauen und mit neuen Absatzwegen ergänzen. Zusätzliche Filialen und Zweigstellen werden eingerichtet, Zahlstellen eröffnet, die über die Schalterstunden hinaus einsatzbereit sind und Spezialabteilungen gebildet, welche auf die Belange bestimmter Bevölkerungsschichten (Selbständige Berufe, Hausfrauen, Gastarbeiter) ausgerichtet sind und die Kunden auch außerhalb der Geschäftsräume und -zeiten betreuen[41].

Die Produktgestaltung wird verfeinert, indem Banken normierte Kreditprogramme[42], neue Spar- und Anlageformen, Dienstleistungen wie Touristik, Versicherungen[43] und Münzhandel in ihr Tätigkeitsfeld einbeziehen und für wichtige Kunden zunehmend als Unternehmens- und Rechtsberater auftreten[44].

Der Werbeetat des Bankensektors weist nach 1967 steigende Zuwachsraten auf[45]. In Einzel- oder Gemeinschaftswerbung bedienen sich die Kreditinstitute aller verfügbaren Werbeträger (Film, Fernsehen, Zeitungen, Zeitschriften, Wurfsendungen), um Zinssätze[46], Öffnungszeiten, Kundennähe und sonstige akquisitorisch hervorstechende Vorzüge zu publizieren[47].

Alle absatzpolitischen Maßnahmen haben zum Ziel, Präferenzen zu schaffen, den Umfang der Bankleistungen zu erweitern und den Kundenkreis zu vergrößern, um über steigende Umsätze die Rentabilitätslage zu verbessern und damit auch den Ertragsausfall zu kompensieren, den die verminderte Zinsspanne mit sich bringt.

---

39 Vgl. auch M. O. von Hauenschild: Bankgeschäft — Der veränderte Markt, in: Der Volkswirt, Nr. 42, 18. Oktober 1968, Beilage „Geld und Kredit“, S. 6.

40 Vgl. K. F. Hagenmüller: Die Bestimmungsfaktoren preispolitischer Autonomie bei Kreditinstituten, S. 158.

41 Vgl. P. Penzkofer: Im Sog des Marketing, S. 32 f.

42 Vgl. D. Köllhofer: Das Mengengeschäft der Banken, in: Bank-Betrieb, Nr. 12, Dezember 1969, S. 422 ff.

43 Vgl. Kooperation Bank-Versicherung, in: Frankfurter Allgemeine Zeitung, Nr. 223, 26. September 1969.

44 Vgl. H. Slevogt: Marketing im Bankengeschäft, in: Die Finanzen des privaten Haushalts, Festschrift für W. Kaminsky, Hrsg. F. Schneider, Frankfurt/M. 1969, S. 4.

45 Vgl. Banken — Von der Werbung „erobert“, in: Der Volkswirt, Nr. 23, 6. Juni 1969, S. 13.

46 Vgl. K. Hartel: Mit den Zinsen werben, in: Sparkasse, Heft 10, 1969, S. 326 f.

47 Ausführlich bei D. Spoo: Bankenwerbung, Wiesbaden 1969; H. Kühl: Das marktpolitische Instrumentarium der Bank unter besonderer Berücksichtigung der Werbung, Dissertation, Göttingen 1967.

2. Habenzinsempfehlungen

a) Richtsätze für Einlagenzinsen

Der Bundesverband des privaten Bankgewerbes, der Deutsche Sparkassen- und Giroverband und der Deutsche Raiffeisenverband haben im April 1967 Richtsätze für Einlagenzinsen in Form von unverbindlichen Empfehlungen[48] herausgebracht. Die ersten Richtsätze — ausgesprochen zum 1. Juni 1967 — bezogen sich auf Konditionen für Sichteinlagen, Termineinlagen verschiedener Fristigkeiten und Spareinlagen mit gesetzlicher und 12monatiger Kündigung, lauteten bei allen Verbänden auf gleich hohe Sätze und waren zeitlich nicht limitiert[49]. Die Zinsempfehlungen bestanden unverändert bis zum 1. Juli 1969. Der Bundesverband des privaten Bankgewerbes schlug seinen Mitgliedern vor, von diesem Tage an die Zinssätze für Spareinlagen mit gesetzlicher und 12monatiger Kündigung um 0,5 % anzuheben; Richtsätze für Termin- und Sichteinlagen entfielen. Die anderen Bankenverbände folgten, so daß es bei einem einheitlichen Sparzinsniveau blieb. Im Januar 1970 beschlossen die Verbände, den Spareckzins mit Wirkung vom 1. Februar 1970 zu erhöhen[50]. Am 1. Januar 1970 war schon der Satz für Spareinlagen mit 12- und 48monatiger Kündigung auf 6 % bzw. 7 % heraufgesetzt worden, ohne daß es hier zu einer öffentlich herausgestellten Zinsempfehlung kam. Anfang April 1970 stieg das Sparzinsniveau generell um 0,5 %; die überwiegende Zahl der Kreditinstitute befolgte die nicht empfohlene, offensichtlich aber allgemeingültige Regelung.

Vergleicht man die tatsächliche Entwicklung der Habenzinsen mit den Empfehlungen (Schaubild 12), so lassen sich folgende Schlüsse ziehen:

1. Die Zinsempfehlungen für Termineinlagen erwiesen sich im Zeitablauf als nicht marktgerecht; Kreditinstitute bestimmten autonom die

---

48 Wegen der juristischen Zulässigkeit von Zinsempfehlungen vgl. D. v. Renthe, gen. Fink: Sind Zinsempfehlungen zulässig?, in: Wirtschaft und Wettbewerb, Heft 5, Mai 1967, S. 315 ff.; E. Fessler: Von der Zinsbindung zur Zinsfreiheit, S. 6.

49 Man hätte erwarten können, daß die Empfehlungen nur für eine Übergangszeit bestimmt sind. Vgl. auch: Tätigkeitsbericht des Bundeskartellamtes für das Jahr 1969, in: Bundestags-Drucksache IV/950, S. 33.

50 Vgl. Der Spareckzins wird erhöht, in: Frankfurter Allgemeine Zeitung, Nr. 16, 20. Januar 1970.
Auch die Deutsche Bundespost entzog sich nicht dem kollektiven Vorgehen der Bankenverbände und erhöhte die Zinssätze der bei ihr gehaltenen Einlagen (Spareinlagen mit gesetzlicher, 12- und 30-monatiger Kündigungsfrist) gleichlautend. Vgl. Auch Post erhöht Zinsen, in: Frankfurter Allgemeine Zeitung, Nr. 20, 24. Januar 1970. Im Jahre 1967 war die Deutsche Bundespost demgegenüber nicht bereit, sich den Zinsempfehlungen anzuschließen. Vgl. Vielfach noch 4 % Sparzins-Proteste gegen die Politik der Postsparkasse, in: Frankfurter Allgemeine Zeitung, Nr. 126, 3. Juni 1967.

Schaubild 12: Habenzinsen und Empfehlungen der Bankenverbände nach der Zinsfreigabe

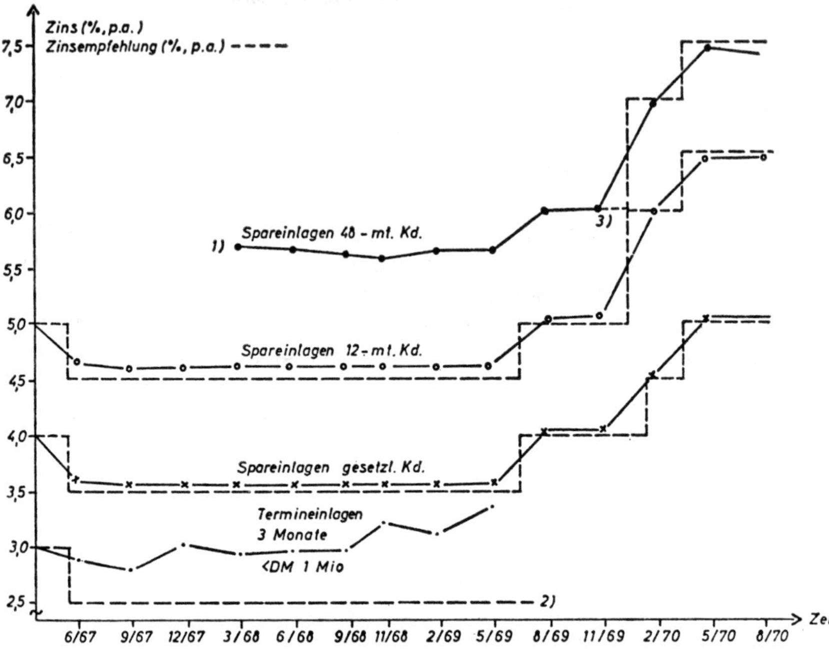

1) Erstmals veröffentlicht für März 1968. — 2) Keine weiteren Zinsempfehlungen. — 3. Vordem keine Zinsempfehlungen.

Quelle: Monatsberichte der Deutschen Bundesbank, Veröffentlichungen der Bankenverbände.

notwendigen Veränderungen. Folgerichtig verzichteten die Bankenverbände im Juni 1969 auf weitere Richtsätze.

2. Spareinlagen wurden von Juni 1967 bis August 1970 fast ohne Ausnahme entsprechend den Empfehlungen verzinst. Schaubild 13 zeigt darüber hinaus, daß die Zahl der Kreditinstitute, welche die Richtsätze nach einer Zinsempfehlung beachteten, mit deren Gültigkeitsdauer zunahm: So stieg zwischen Juni 1967 und Mai 1969 die Zahl der Institute, die bei Spareinlagen mit gesetzlicher und 12monatiger Kündigung einheitliche Zinssätze boten, um 10 bzw. 15 v.H. Zu den Terminen der Bundesbankerhebung boten in der Regel rd. 90 v.H. der berichtenden Banken gleich hohe Zinssätze.

3. Bezeichnend für die Uniformität, die Verbandsempfehlungen in der Spareinlagenverzinsung erzeugten, ist die Häufigkeitsverteilung bei Einlagen mit 4jähriger Kündigungsfrist. Ohne Richtsätze vergüteten 45,6 v.H. der Kreditinstitute im März 1968 5,5 % an Zinsen, im November 1969 waren es 60,8 v.H. der Institute (Zinssatz: 6,0 %), und als zum

Schaubild 13: Banken, die sich an die Zinsempfehlungen hielten

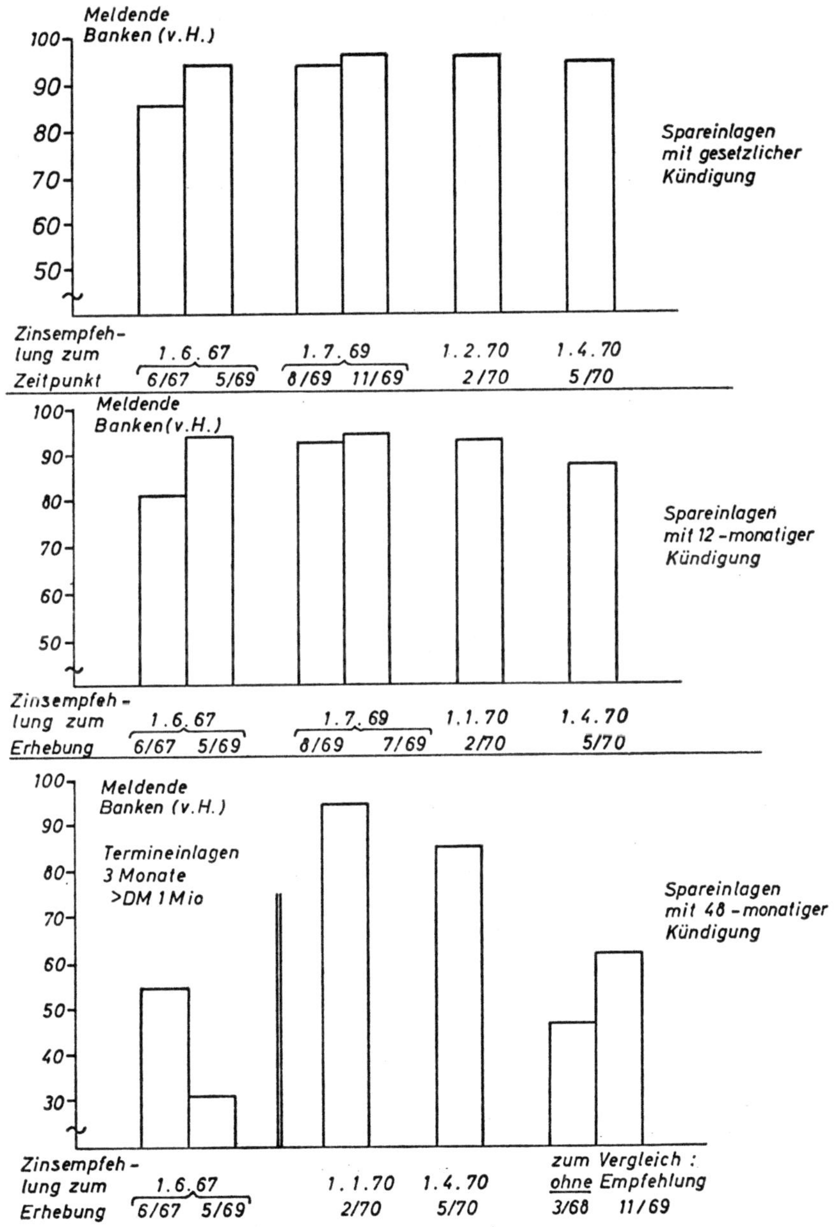

Quelle: Monatsberichte der Deutschen Bundesbank, Veröffentlichungen der Bankenverbände.

1. Januar 1970 eine Absprache innerhalb des Kreditgewerbes einen Satz von 7,0 % empfahl, folgten fast 95 v.H. der Institute[51].

4. Absprachen zwischen den Bankenverbänden, die Sparzinsen einer Diskontänderung nicht anzupassen, zeitigten einen analogen Effekt: Die Kreditinstitute hielten die Konditionen auf der vorher gültigen Höhe[52].

Die Entwicklung der Sparzinsen nach der Zinsfreigabe beruhte also hauptsächlich auf den Richtsätzen der Bankenverbände. Abweichungen traten regional auf, sowohl in der absoluten Höhe der Sätze wie auch in den Terminen, zu denen die Zinsen nach einer Empfehlung geändert wurden[53]. Die „atypischen" Konditionen hatten allerdings keinen Einfluß auf das Sparzinsniveau, ebensowenig attraktive Angebote von Außenseitern[54].

b) Preis(Zins-)führerschaft im Passivgeschäft der Kreditinstitute

„Preisführerschaft liegt dann vor, wenn die Preisbildung sich auf einem Markt in der Weise vollzieht, daß alle Anbieter sich in ihrer Preisstellung nach einem Preisführer richten, ...[55]." Man unterscheidet dominierende und barometrische Preisführerschaft:

— Dominierend, wenn der Preisführer über einen so großen Marktanteil verfügt, daß sich die anderen Unternehmen seiner Preispolitik anschließen, entweder weil ihr Geschäftsvolumen gering ist[56] oder weil sie einen ruinösen Wettbewerb befürchten[57].

— Barometrisch, wenn kein Unternehmen einen überragenden Marktanteil besitzt, vielmehr innerhalb einer annähernd gleich starken Gruppe einem der Unternehmen die Rolle des Preisführers zufällt[58].

Dazwischen gibt es Grenzfälle, die eindeutig weder der dominierenden noch der barometrischen Preisführerschaft zuzuordnen sind.

---

[51] Als Indiz für diese „interne" Absprache: Vgl. Leichte Entspannung an den Geldmärkten — Habenzinsgespräche im Kreditgewerbe, in: Frankfurter Allgemeine Zeitung, Nr. 287, 11. Dezember 1969.

[52] Vgl. Einlagenzins soll bleiben, in: Frankfurter Allgemeine Zeitung, Nr. 225, 29. September 1969.

[53] Vgl. Vielfach noch 4 % Sparzins, in: Frankfurter Allgemeine Zeitung, Nr. 126, 3. Juni 1967.

[54] Vgl. Amerikaner offerieren mehr Zins, in: Frankfurter Allgemeine Zeitung, Nr. 22, 27. Januar 1970.

[55] E. Gutenberg: Grundlagen der Betriebswirtschaftslehre, 2. Band, Der Absatz, 9. Auflage, S. 328.

[56] Marktanteil des Preisführers von über 90 v.H., ebenda, S. 331.

[57] Marktanteil des Preisführers zwischen 40 und 50 v.H., ebenda, S. 332.

[58] Ebenda, S. 332.

Übertragen auf die Verhältnisse im deutschen Kreditgewerbe, speziell den Markt für Termin- und Spareinlagen, müßte, um von einer Preis-(Zins-)führerschaft zu sprechen, ein Kreditinstitut oder eine einheitliche Gruppe von Instituten vorhanden sein, die entweder

a) mehr als 40 v.H. der Einlagen in einer der Einlagenkategorien auf sich vereinigen, deren Zinspolitik von den anderen Banken nachvollzogen wird und die sich ihrer Machtstellung bewußt sind oder

b) zwar nur einen Marktanteil in einer Größenordnung wie andere Banken oder Bankengruppen haben, denen aber — allgemein anerkannt — die Preis(Zins-)führerschaft zukommt, so daß sich in einer Einlagenkategorie eine einheitliche Zinsbildung einstellt.

Bei den Termineinlagen hat keine der deutschen Institutsgruppen einen Marktanteil von mehr als 35 v.H. (Tabelle 10). Die Kreditbanken beherrschen zwar gut ein Drittel des Marktes, doch halten die Realkreditinstitute 27 v.H., die Sparkassen und Girozentralen 21 v.H. des gesamten Termineinlagenbestandes (Stand Ende 1969). Man kann also nicht von einer dominierenden Zinsführerschaft der Kreditbanken sprechen. Für eine barometrische Zinsführerschaft dieser Bankengruppe fehlt es an einer einheitlichen Zinsbildung: Für Termineinlagen auf 3 Monate unter 1 Mill. DM vergüteten z. B. im November 1969 von den der Bundesbank berichtenden Kreditinstituten 25 v.H. zwischen 2,5 % und 3,5 %, 31 v.H. zwischen 4,0 % und 5,0 %, 33 v.H. zwischen 5,5 % und 6,5 % und 11 v.H. 7 % und mehr[59]. Die 1967 von den Bankenverbänden gegebenen Zinsempfehlungen für Termineinlagen wurden 1969 nicht erneuert, was ebenfalls zeigt, daß die Zinsbildung auf den Entscheidungen der einzelnen Kreditinstitute und nicht auf der eines Zinsführers beruhte.

Spareinlagen wurden zu 63,5 v.H. des Gesamtbestandes bei Sparkassen und jeweils zu rund 18 v.H. bei Kreditbanken und Kreditgenossenschaften gehalten (Stand Ende 1969). Die Zinsbildung ist weitgehend einheitlich: Die der Bundesbank berichtenden Kreditinstitute vergüteten z. B. im November 1969 für Spareinlagen mit gesetzlicher Kündigung zu 96 v.H., für Spareinlagen mit 12monatiger Kündigung zu 93 v.H. und für Spareinlagen mit mehr als 4jähriger Kündigung zu 60,8 v.H. einen gleich hohen Zinssatz[60]. Auch Änderungen der Sparzinssätze wurde einheitlich nachgekommen: Zwischen Mai und August 1969 stieg der Spareckzins bei rund 94 v.H. der Kreditinstitute um 0,5 %[60]. Nach Meinung des Sachverständigenrates zur Begutachtung der gesamtwirtschaftlichen Entwicklung[61] gilt die Zinspolitik der Sparkassen als richtungsweisend

59 Vgl. Monatsberichte der Deutschen Bundesbank, Statistischer Teil V, 6.

60 Vgl. Monatsberichte der Deutschen Bundesbank, Statistischer Teil V, 6.

61 Vgl. Sachverständigenrat zur Begutachtung der gesamtwirtschaftlichen Entwicklung, Jahresgutachten 1967/1968: Stabilität im Wachstum, S. 107.

im Spargeschäft, sie selbst sind sich dieser Rolle bewußt[62], so daß alle Voraussetzungen — Marktanteil, Uniformität der Zinsbildung, allgemeine Beurteilung und Selbstverständnis — für eine dominierende Zinsführerschaft der Sparkassen erfüllt wären.

Tabelle 11

Einlagen von Nichtbanken bei Banken (Stand Ende 1969)

Bankengruppe / Einlagenart	Sicht-einlagen (v.H.)	Termin-einlagen (v.H.)	Spar-einlagen (v.H.)
Kreditbanken	43,5	34,0	18,0
Sparkassen und Girozentralen	40,0	21,0	63,5
Kreditgenossenschaften und Zentralkassen	15,0	4,0	18,5
Realkreditinstitute	0,5	27,0	—
Kreditinstitute mit Sonderaufgaben und Sonstige	1,0	14,0	—
Gesamt	100,0	100,0	100,0

Quelle: Beihefte zu den Monatsberichten der Deutschen Bundesbank, Reihe 1, Bankenstatistik nach Bankengruppen.

Praktische Bedeutung für die Entwicklung der Sparzinsen hatten die Zinsempfehlungen, die von den Verbänden des deutschen Kreditgewerbes herausgegeben wurden. Es ist im einzelnen schwierig festzustellen, auf wessen Initiative die Sparzinssätze verändert wurden. Der Sparkassen- und Giroverband präjudizierte wenige Tage bevor die im Zentralen Kreditausschuß vertretenen Bankenverbände zusammenkamen, dessen Entscheidung, wie hoch Einlagen ab 1. Juni 1967 zu verzinsen seien, indem er die für seinen Bereich gültigen Empfehlungen

62 „Die Sparkassen (haben) für den Bereich der Spareinlagen ohne Zweifel eine Art Zinsführerschaft in dem Sinne übernommen, daß sich die privaten Banken und Genossenschaften ... nach den Zinsvorstellungen der öffentlichen Sparkassen richteten.“ W. D. Becker: Reglementierte und freie Zinsen in Deutschland, in: Schriftenreihe des Österreichischen Forschungsinstituts für Sparkassenwesen, 4. Heft, 1968, S. 48.

veröffentlichte[63]. Für die Richtsätze zum 1. Juli 1969 soll der Verband des privaten Bankgewerbes[64], für die internen Empfehlungen, die Zinssätze für Spareinlagen mit vereinbarter Kündigung Anfang Januar 1970 zu erhöhen, eine Großbank verantwortlich gewesen sein[65].

Dementsprechend hat die Sparkassenorganisation nicht bei allen Zinsempfehlungen eine dominierende Rolle gespielt; ihr Marktanteil ist auch nicht groß genug, daß sie das Vorgehen der Konkurrenz ignorieren könnte[66]: Erhöhen die privaten Großbanken die Sparzinsen, so können es sich die Sparkassen nicht leisten, niedrigere Zinssätze anzubieten, da ein Teil der Spareinlagen unter Umständen abgezogen würde.

Insgesamt erfüllt die Sparkassenorganisation zwar die Voraussetzung für eine dominierende Preisführerschaft im Spargeschäft der deutschen Kreditinstitute, doch läßt die Praxis der Zinsempfehlungen nur den Schluß zu, daß es sich um eine mehr barometrische Zinsführerschaft handelt[67]. Stützel[68] nennt die Sparkassen „potentielle Preisführer", was die Verhältnisse für die Zeit nach der Zinsfreigabe am besten charakterisiert.

III. Die Positionen der Nichtbanken gegenüber den Banken

Die Deutsche Bundesbank vermutet, die Zinsfreigabe habe Nichtbanken mit Verhandlungsmacht Vorteile gebracht: „Der schärfste Wettbewerb dürfte sich im Geschäft mit der Großkundschaft abspielen, der zwar schon immer Sonderkonditionen zugestanden wurden, der ... aber eher noch größere Vorteile als bisher (bis zur Zinsfreigabe, d. V.) eingeräumt worden sein dürften[69]." Der Markt für solche Transaktionen ist aber derart intransparent, daß nicht zu ermitteln ist, welche Höhe die Konditionen im Vergleich zu der Zeit vor 1967 erreichen.

Nichtbanken mit besonderer Verhandlungsmacht („Erste Adressen") erhalten[70].

---

[63] Vgl. B. Hagelstein: Das Zinsoligopol, in: Industriekurier, Nr. 80, 24. Mai 1967.

[64] Vgl. H. Günther: Diskont und Sparzins, in: Bank-Betrieb, Nr. 7/8, Juli/August 1969, S. 258 f.

[65] Vgl. Spareckzins auf Rekordhöhe, in: Der Volkswirt, Nr. 4, 23. Januar 1970, S. 34.

[66] Vgl. Jahresbericht des deutschen Sparkassen- und Giroverbandes e.V. 1968, S. 60.

[67] Vgl. dazu auch R. Wittgen: Wer macht den Zins?, S. 46 f.

[68] W. Stützel: Bankpolitik heute und morgen, Textziffer 215, S. 99.

[69] Geschäftsbericht der Deutschen Bundesbank für das Jahr 1967, S. 62.

[70] Quelle: Informationen eines Bankenverbandes und einer Großbank. Vgl. auch: Was Banken zahlen und verlangen, in: Industriekurier, Nr. 12, 24. Januar 1970.

— Kontokorrentkredite zu Zinssätzen, die etwa 3,0 % über dem Diskontsatz liegen, in Ausnahmefällen bis zu D + 2 %[71] (bei einem häufigsten Satz im Massengeschäft von D + 4,5 %).

— Wechseldiskontkredite, die mit D + 0,5 % bis D + 1,5 % zu verzinsen sind, je nach Größe der Abschnitte und Liquiditätslage des ankaufenden Institutes (bei einem häufigsten, um D + 2,5 % schwankenden Satz im Massengeschäft).

Nichtbanken mit Verhandlungsmacht haben in der Regel für Kontokorrentkredite zwischen D + 3,5 % und D + 4 % (Massengeschäft D + 4,5 %), für Wechseldiskontkredite zwischen D + 1,75 % und D + 2,25 % (Massengeschäft: um 2,5 %) an Zinsen zu entrichten.

Die Zinsfreigabe hat die Position verhandlungsstarker Nichtbanken gegenüber den Kreditinstituten auch insofern gefestigt, als sie mit mehr Erfolg Festzinsen für Kontokorrentkredite durchsetzen können[72]. Die Gültigkeitsdauer der Sätze ist auf 6 oder 12 Monate begrenzt, danach werden neue Konditionsverhandlungen erforderlich. Der Verband Deutscher Maschinenbau-Anstalten empfiehlt seinen Mitgliedsfirmen, bei zu erwartenden Diskontsenkungen Kreditverträge mit Zinsgleitklauseln abzuschließen und bei steigender Tendenz der Bankrate zu versuchen, Festsätze zu erhalten[73]. Verhandlungsstarke Nichtbanken haben zudem mit Erfolg darauf bestanden, daß Nebenkosten wie Umsatzgebühren, die vor der Zinsfreigabe auch ihnen berechnet wurden, wegfallen und Postengebühren nicht mehr nach der Anzahl der Buchungen, sondern in einer günstigeren Pauschalsumme erhoben werden.

Kreditinstitute vergüten Nichtbanken, die mehrere Mill. DM als Termineinlagen anlegen, etwa 1 % bis 2 % höhere Zinssätze als Nichtbanken für Einlagen unter 1 Mill. DM (siehe Punkt B III 3). Diese betragsmäßigen Grenzen, die über die Höhe der Verzinsung entscheiden, sind je nach Bankengruppe und augenblicklichem Liquiditätsbedarf der Institute fließend[74]. Vor der Zinsfreigabe konkurrierten private Unternehmen mit Banken um Millioneneinlagen (Industrie-clearing),

---

71 Vgl. Sparkassenkredite für BMW, in: Frankfurter Allgemeine Zeitung, Nr. 222, 25. September 1969.

72 Vgl. Banken: Krisen-Diskont nicht von langer Dauer, in: Industriekurier, Nr. 140, 13. September 1969.

73 Vgl. Verein Deutscher Maschinenbau-Anstalten e. V.: Ergebnisse der Umfrage über Zusammenhänge zwischen den Maßnahmen der Bundesbank und ihren Auswirkungen im Maschinenbau, Frankfurt/M., 30. März 1967, nicht veröffentlicht.

74 Vgl. Was Banken zahlen und verlangen, in: Industriekurier, Nr. 12, 24. Januar 1970.

75 Als Einzelfall wird aus Bankkreisen geschildert, daß ein Handelsunternehmen im Mai 1970 für eine Millioneneinlage auf 3 Monate einen Zinssatz von 11,5 % bot, der um rund 2 % über die zu der Zeit banküblichen Gebote hinausging.

was nach 1967 — soweit aus Einzelangaben zu ersehen — nicht entfallen, wohl aber abgeschwächt ist[75].

Im Massengeschäft bleibt Nichtbanken auch nach der Zinsliberalisierung nur die Wahl, Kredite zu Normalkonditionen zu akzeptieren oder zu versuchen, die Bank zu wechseln. Bei Kreditaufnahmen der Nichtbanken steht weniger die Konditions- als vielmehr die Bonitätsfrage im Vordergrund der Verhandlungen.

Die Zinssätze für Kontokorrentkredite sind im Massengeschäft an den Diskontsatz gekoppelt, der Satz beträgt überwiegend D + 4,5 %[76]. Für Wechseldiskontkredite haben die Nichtbanken zwischen D + 2,25 % und D + 3 % zu entrichten, die Zinshöhe liegt damit in dem Rahmen, der gemäß der Zinsverordnung vor dem 1. März 1965 (D + 2,5 %) und danach bis zum 1. April 1967 (D + 3 %) galt. Extreme Diskontsatzsteigerungen, wie z. B. am 9. März 1970 um 1,5 % wurden von Banken teilweise nur unterproportional weiterbelastet, die Koppelung der Konditionen für Wechselkredite an die Bankrate setzte hier aus[77].

Dringend auf Kredite angewiesene und verhandlungsunerfahrene Nichtbanken mußten sich höhere als vor der Zinsfreigabe maximal zulässige Zinssätze gefallen lassen. D + 4,5 % für Kontokorrentkredite und D + 3 % für Wechseldiskontkredite übersteigende Zinssätze sind für die Zeit von September 1967 bis August 1970 mit Häufigkeitsziffern in der folgenden Tabelle zusammengestellt:

Erhebungszeitpunkt	Kreditinstitute (v.H.), die diese Zinssätze forderten			
	Kontokorrentkredite		Wechseldiskontkredite	
	D + 5 % (%, p. a.)	D + 5,5 % und mehr (%, p. a.)	D + 3,5 % (%, p. a.)	D + 4 % und mehr (%, p. a.)
1967				
September	27,0	4,5	4,8	2,5
Dezember	23,7	5,0	5,4	1,4
1968				
März	22,0	3,9	5,1	1,2
Juni	19,0	4,8	4,4	1,6
September	16,7	3,6	4,2	1,4
November	13,6	3,4	3,8	1,4
1969				
Februar	11,1	3,2	3,5	1,4
Mai	1,4	0,4	1,9	0,2
August	1,1	0,5	2,8	—
November	1,2	—	1,9	0,2
1970				
Februar	4,2	—	5,9	1,6
Mai	5,0	—	4,0	1,9
August	17,1	2,3	6,3	2,1

Quelle: Monatsberichte der Deutschen Bundesbank, Statistischer Teil V, 6.

[76] Vgl. Was Banken zahlen und verlangen, in: Industriekurier, Nr. 12, 24. Januar 1970.

[77] Quelle: Informationen einer Großbank.

Bei den Zinssätzen für Kontokorrentkredite ist nicht auszuschließen, daß es sich teilweise um Einheitskonditionen handelt, die z. B. die Umsatzprovision enthalten, während Nichtbanken diese Provision vor der Zinsfreigabe neben den zulässigen Höchstsätzen zu tragen hatten. Solche Einheitszinssätze sind von reinen Zinssätzen statistisch nicht zu trennen[78]. Es ist auffallend, daß Nichtbanken bei konstantem, relativ niedrigem Diskontsatz in größerem Umfang als bei steigender Bankrate Zinssätze berechnet wurden, die über den nach der Zinsverordnung zulässigen Höchstsätzen lagen. Die Kreditinstitute konnten offensichtlich bei niedrigem und fallendem Diskontsatz derartige Konditionen eher durchsetzen als in der Zeit zwischen April 1969 und Mai 1970, in der sich die Zinsbelastung der Nichtbanken mit dem steigenden Diskontsatz stark erhöhte.

Nichtbanken können im Massengeschäft — ebenso wie Nichtbanken mit Verhandlungsmacht — bei Kreditbedarf mehrere Angebote einholen; entsprechend den angebotenen Sicherheiten und/oder Geschäftsergebnissen bzw. Einkommen werden die Massenkunden möglicherweise unterschiedliche Offerten bekommen. Es kann aber ein Trugschluß sein zu glauben, damit Verhandlungsmacht bewiesen zu haben: Örtliche Banken können ein günstiges Angebot abgeben, um neue Kunden zu werben, scheuen sich aber später nicht, die Konditionen zu korrigieren. Falls sich die Zinsangebote der Kreditinstitute nicht sonderlich unterscheiden — meist sind die Verhältnisse am Platz für die Kreditinstitute derart transparent, daß dies der Regelfall ist —, liegt es an dem Kreditnehmer, sich an entferntere Institute zu wenden. Hat er damit Erfolg, muß er die zunächst nicht absehbaren Kosten und Verzögerungen einer auswärtigen Bankverbindung tragen. Im Gegensatz zum Individualgeschäft sind aber Nichtbanken im Massengeschäft, besonders private Haushalte[79] so immobil, daß sie einen überregionalen Zinsvergleich nicht erwägen. Diese Immobilität und mangelnde Markttransparenz verhindern z. B., daß sich private Haushalte da verschulden, wo für Konsumentenkredite die Kosten am niedrigsten sind. Nach einer Umfrage vom August 1969 streut der Effektivzins für einen Kleinkredit (DM 1 000,— auf 12 Monate) bei gleicher Ausgangslage der Kreditnehmer zwischen 12,6 % p. a. und 21,7 % p. a.[80]. Die Zinsfreigabe hat sicher dazu beigetragen, solche Zinsdifferenzen entstehen zu lassen; nur, um sie auszunutzen, müßten die Nichtbanken die Zinsdifferenzen erkennen und zusätzliche Kosten und Mühen auf sich nehmen.

---

78 Vgl. Monatsberichte der Deutschen Bundesbank, Januar 1969, S. 5 f.

79 Vgl. K. F. Hagenmüller: Die Bestimmungsfaktoren preispolitischer Autonomie bei Kreditinstituten, S. 161.

80 Vgl. Die Kredit-Praktiken der Banken, in: Capital, Nr. 9, 1969, S. 116 f. Nach der Umfrage differieren die Zinssätze für Anschaffungsdarlehen bis 20 000,— DM in ähnlichen Größenordnungen.

Bei den Einlagen im Massengeschäft ist ein Teil der Nichtbanken nach 1967 zinsempfindlicher geworden. Als Anfang 1970 der Spareckzins nur von 4,5 % auf 5 % erhöht wurde, buchten Nichtbanken Mittel von Spar- auf Terminkonten um und erhielten eine rund 2 % höhere Verzinsung[81]. Bei Beträgen zwischen 10 000,— DM und 100 000,— DM konnten Nichtbanken in begrenztem Rahmen durch Verhandlungen noch günstigere Konditionen erzielen[82]. Welchen Umfang die zinsinduzierte Verlagerung von Sparguthaben auf Termingeldkonten erreichte, ist daran zu erkennen, daß die durchschnittliche Höhe pro Termineinlage bei den Sparkassen von 165 700,— DM (Ende 1969) auf 58 700,— DM (Ende 1970) zurückging[83] und gleichzeitig die Zuwachsrate für die gesamten Spareinlagen von 10,6 % (1969) auf 9,1 % (1970)[84] fiel.

Die Zinsfreigabe hat die Struktur der eigentlichen Masseneinlage, der Spareinlage, gewandelt. Die Anlagefristen wurden aufgefächert in Einlagen mit 6-, 12-, 24- und 48monatiger Kündigung, so daß die Nichtbanken unter den mit der Laufzeit höheren Zinssätzen wählen können. Vor 1967 hatte es z. B. bei den Großbanken nur die Möglichkeit gegeben, Spareinlagen mit gesetzlicher, 6monatiger (bis zum 1. März 1965) oder 12monatiger Kündigungsfrist bei entsprechend der Laufzeit steigenden Konditionen zu halten. Die zunehmende Zinsreagibilität der Nichtbanken nach der Zinsfreigabe zeigt sich darin, daß bei den Sparkassen die Zuwachsrate der höherverzinslichen Spareinlagen mit vereinbarter Kündigung die der niedrigerverzinslichen Einlage mit gesetzlicher Kündigung im Jahre 1968 um rund 50 v.H. übertraf[85]. Der Trend zur höherverzinslichen Spareinlage war 1970 noch stärker spürbar: Die Einlagen der Nichtbanken mit vereinbarter Kündigung stiegen gegenüber Ende 1969 um 17 v.H., die mit gesetzlicher Kündigung nur um 6,7 v.H.[86].

Die Nichtbanken nutzen also den Zinsvorteil, den der Wettbewerb der Kreditinstitute um längerfristige Einlagen bringt; über die Höhe

---

81 Vgl. Der private Sparer entdeckt den Geldmarkt, in: Frankfurter Allgemeine Zeitung, Nr. 114, 20. Mai 1970.

82 Vgl. Diskonterhöhung: Die Folgen, in: Der Volkswirt, Nr. 11, 13. März 1970, S. 56.

83 Vgl. Der Sparer will mehr, in: Wirtschaftswoche, Nr. 27, 2. Juli 1971, S. 47.

84 Vgl. Statistische Beihefte zu den Monatsberichten der Deutschen Bundesbank, Reihe 1, Bankenstatistik nach Bankengruppen, Juni 1971, S. 27.

85 Vgl. Jahresbericht des deutschen Sparkassen- und Giroverbandes e.V. 1968, S. 5 f.

86 Vgl. Der Sparer will mehr, in: Wirtschaftswoche, Nr. 27, 2. Juli 1971, S. 48.

der Konditionen zu verhandeln, ist jedoch selten möglich. Dazu bedarf es schon einer Einlage, die wesentlich größer ist als die durchschnittliche Sparsumme im Massengeschäft (2 166,— DM[87]).

87 Stand Ende 1969, Durchschnittsguthaben bei den Sparkassen. Vgl. Jahresbericht des deutschen Sparkassen- und Giroverbandes e.V. 1969, S. 19.

Schlußbetrachtung

Versucht man, die Auswirkungen der Zinsfreigabe zu würdigen und die künftig möglichen Konsequenzen für die Betroffenen abzuschätzen, so gilt es, sich der Bedeutung bewußt zu sein, die die Zinsverordnung für die Zentralbank, die Banken und Nichtbanken hatte.

Die Notenbank war in der Lage, mit dem Instrument der Zinsbindung direkt und ohne zeitliche Verzögerung Zinsänderungen am Bankenkreditmarkt durchzusetzen. Wissler[1] meinte jedoch dazu, eine sich auf die Zinsverordnung stützende Diskontpolitik könne zur Konjunkturbeeinflussung schon deswegen nicht voll wirksam eingesetzt werden, weil die Änderung des Diskontsatzes bei der in Deutschland praktizierten Koppelung der Sollzinssätze an die Bankrate sich nur unterproportional auf die Marktzinssätze übertrage, mit anderen Worten, weil die relative Änderung der Sollzinssätze kleiner sei als die des Diskontsatzes. Die Aussage stimmt zwar rechnerisch: Eine Diskonterhöhung von 4 % auf 5 % entspricht einer relativen Änderung von 25 v.H., während eine dadurch induzierte Sollzinserhöhung von z. B. 8 % auf 9 % einer relativen Steigerung von nur 12,5 v.H. gleichkommt; die Aussage geht aber an der praktisch relevanten Situation vorbei. Die Nichtbanken orientieren sich nämlich nicht an dem absoluten Zinsniveau, auf das sie sich nach einiger Zeit einstellen, sondern überwiegend an der Änderungsrate der Marktzinssätze[2].

Da diese Rate bei gebundenen Zinssätzen genau der Bewegung des Diskontsatzes (100 v.H.) entspricht, kann die Zentralbank uneingeschränkt auf die Verschuldenswilligkeit der Nichtbanken einwirken.

Genauso problematisch ist die Überlegung, an die Bankrate gebundene Zinssätze hätten nur dann einen Sinn, wenn die Notenbank mit der Änderung des Diskontsatzes die Bewegung der sich frei bildenden Marktzinssätze nachvollziehe[3]. Es wird jedoch übersehen, „daß gerade eine wirtschafts- und währungspolitische Verwendbarkeit der Kon-

---

[1] Vgl. A. Wissler: Das Zinsproblem in theoretisch-empirischer Sicht, Berlin 1955, S. 59 ff.; E. Dürr: Probleme des Soll- und Habenzinsabkommens, in: Wirtschaftspolitische Chronik des Instituts für Wirtschaftspolitik an der Universität zu Köln, Heft 3, 1957, S. 13 f.

[2] Vgl. Cl. Köhler: Orientierungshilfen für die Kreditpolitik, S. 40f.; O. Hahn: Die Auswirkungen einer Diskonterhöhung auf die Rentabilität der Universalbanken, S. 6 f.

[3] Vgl. u. a. L. Gleske: Notenbankpolitik und Zinsliberalisierung, S. 7.

ditionenregelung nur gegeben ist, wenn sich ihre Wirksamkeit gegen den Markt richtet! — z. B. um — ... — gegen den Markt eine wirtschaftspolitisch erwünschte Zinssenkung durchzuführen“[4]. Die Zentralbank konnte mit Hilfe der Zinsverordnung zwar Marktverhältnisse konstatieren, es war ihr aber unbenommen, auf davon abweichende Zinssätze hinzuwirken.

Wie in der vorliegenden Untersuchung gezeigt wurde, ist der Deutschen Bundesbank mit der Zinsfreigabe der Einfluß auf die früher gebundenen Sollzinssätze teilweise, auf die Habenzinssätze nahezu vollständig genommen. Darüber hinaus neigen die Kreditinstitute dazu, die Veränderung der Konditionen im Aktivgeschäft von den Bewegungen des Diskontsatzes vollständig zu lösen. Dies wird deutlich in dem Vorschlag, eine deutsche prime rate einzuführen[5]. Die privaten Großbanken und die Girozentralen hätten einen Sollzinssatz für „Erste Adressen“ festzulegen, an dem sich die Konditionen für die übrigen Nichtbanken, also auch für die Massenkunden orientieren würden. Das Ergebnis „wäre ein weiteres Stück Emanzipation des Marktes von der Notenbank“. In die gleiche Richtung weist die Anregung, die Bankenverbände sollten einen Kredit-Eckzins — vergleichbar dem Spareckzins — bestimmen, der die Funktion des Diskontsatzes zu übernehmen hätte[6]. Die Zinsentwicklung nach 1967 und die Vorschläge, eine prime rate oder einen Kredit-Eckzins einzuführen, zeigen, daß die Zinsfreigabe aus der Sicht der Notenbank überwiegend negativ zu beurteilen ist[7].

Um ihre zinspolitischen Intentionen endgültig durchzusetzen und kurzfristig abzusichern, wird sich die Zentralbank mehr und mehr dar-

---

[4] I. L. Bähre: Nach der Zinsfreigabe? Vortrag gehalten vor der Generalversammlung der Zentralkasse Württembergischer Volksbanken, Stuttgart, 27. April 1967, in: Deutsche Bundesbank, Auszüge aus Presseartikeln, Nr. 37, 31. Mai 1967, S. 7; vgl. auch R. Wittgen: Wer macht den Zins? S. 44.

[5] Vgl. Kommt eine deutsche prime rate?, in: Börsen-Zeitung, Nr. 86, 14. April 1970.

[6] Vgl. Ponto setzt sich für Kredit-Eckzins ein, in: Frankfurter Allgemeine Zeitung, Nr. 86, 14. April 1970.

[7] Anderer Meinung ist die Banque Nationale de Belgique: „Une conclusion qui se dégage de la liberalisation des intérêts bancaires est que la suppression du lien rigide entre, le taux d'escompte officiel et les intérêts créditeurs et débiteurs ne parait pas avoir réduit l'efficacité de la politique de la Bundesbank. Le taux d'escompte de celle-ci ... (est continue) — mais, d'une facon plus souple qu'auparavant — d'être, en fait, des taux directeurs pour les crédits à la clientèle non bancaire. Une harmonie satisfaisante subsiste aussi entre le taux d'escompte officiel et les taux d'intérêt créditeurs.“

Die belgische Zentralbank schließt aber eine gewichtige Einschränkung an: „Cepandant celle sensibilité générale des taux d'intérêt aux variations du tax d'escompte officiell n'a pu être obtenne que grâce à l'usage systematique de différents instruments de la politique de liquidité.“ Banque Nationale de Belgique, Bulletin d'information et de Documentation, Vol. II, No. 2, Août 1970, S. 167.

auf stützen müssen, die Bankenliquidität zu steuern (indirekte Zinspolitik) und dazu das vorhandene kreditpolitische Instrumentarium ausbauen. Es wurde z. B. gefordert:

a) die Aufnahme von Direktkrediten inländischer Nichtbanken im Ausland entsprechend § 23 Außenwirtschaftsgesetz der Kontrolle der Notenbank zu unterstellen[8];
b) eine freiwillige Kreditbegrenzung der Banken herbeizuführen[9], die zum Ziel hat, an sich notwendige Zinserhöhungen mit Rücksicht auf die Kostenbelastung kleiner und mittlerer Unternehmen sowie das internationale Zinsgefüge zu vermeiden.

Die Kreditbegrenzung läßt sich auf drei Wegen durchführen:

1. Die bestehenden Kreditlinien sind auf der Basis des Volumens zu einem Stichtag oder des durchschnittlichen Bestandes während einer Referenzperiode einzufrieren.
2. Wie erstens, es werden aber nur Banken betroffen, die eine Bilanzsumme von mehr als z. B. 50 Mill. DM haben.
3. Als Gentlemen's Agreement, wobei sich die Kreditinstitute zu verpflichten hätten, neue Kreditzusagen nur in einem bestimmten Rahmen zu geben.

Die Zentralbank wird die Offenmarktgeschäfte mit Nichtbanken zu intensivieren haben und für Transaktionen in Geldmarktpapieren den Kreis der Nichtbanken, mit denen sie kontrahiert, erweitern. Ein Anfang wurde im Juni 1971 mit dem Angebot, unverzinsliche Schatzanweisungen an alle Nichtbanken abzugeben, gemacht. Falls es der Notenbank gelingt, die öffentlichen Haushalte zu einer kreditpolitisch ausgerichteten Kooperation zu bewegen, wird das Instrument der Einlagen/Schuldenpolitik an Bedeutung gewinnen, das in der Vergangenheit wegen anders gelagerter Interessen der öffentlichen Stellen nur begrenzt funktionierte[10]. Eine Zusammenarbeit mit Banken und Bankenverbänden (gleichsam als interne „moral suasion", wie ein Sprecher der Bundesbank andeutete[11]) sollte sich besonders auf die Fragen der Habenzinsgestaltung beziehen. Damit würden die Änderungen der Einlagenzinsen in größerem Umfang als es sich nach der Zinsfreigabe her-

---

8 Vgl. Lücke im Instrumentarium der Notenbank: in: Frankfurter Allgemeine Zeitung, Nr. 300, 29. Dezember 1969.

9 Vgl. Bundesbank diskutiert eine Begrenzung der Kredite, in: Frankfurter Allgemeine Zeitung, Nr. 10, 13. Januar 1970.

10 Vgl. Monatsberichte der Deutschen Bundesbank, August 1970, S. 14 f.; W. Trautmann: Deutsche Bundesbank erhöht Diskontsatz, in: Basler Nachrichten, Nr. 57, 7./8. März 1970.

11 „Eine vertrauensvolle ‚konzertierte Aktion' von Notenbank und Banken ist vor allem, wenn die Zinsbindung aufgehoben werden sollte, in Zukunft nötiger denn je." O. Emminger: Aktuelle Probleme der Geld- und Bankenpolitik, S. 6.

ausgebildet hat, der Absicht der Zentralbank, die Konditionen für kurzfristige Kredite und damit das Zinsniveau am Kapitalmarkt zu beeinflussen, unterstellt werden.

Die Zinsverordnung schränkte den Wettbewerb der Kreditinstitute im Einlagengeschäft ein, wodurch sichergestellt war, daß die Institute bei angemessenen Erträgen aus dem Aktivgeschäft rentabel wirtschafteten. Die Rentabilität der privaten Kredit- und Genossenschaftsbanken, wie die der Sparkassen wird nachhaltig von der Höhe der in einer Periode erzielten Zinsspanne bestimmt. Die Differenz zwischen den Erträgen im Kreditgeschäft und Aufwendungen im Einlagengeschäft (Teilzinsspanne) stellt eine Komponente der Zinsspanne dar. Der von den Kreditinstituten pro Periode erwirtschaftete Zinsüberschuß ist durch den nach 1967 verschärften Wettbewerb zwischen den Instituten zurückgegangen. Die Zahl der möglicherweise dadurch illiquide gewordenen Kreditinstitute erreichte jedoch nicht ein solches Ausmaß, daß die Funktionstüchtigkeit des gesamten Bankenapparates in Frage gestellt wurde. Die schon vor 1967 zu erkennende Konzentrationstendenz im Bankensektor ist besonders bei der Raiffeisenorganisation durch die Zinsfreigabe verstärkt worden.

Die Kreditinstitute werden verminderte Erträge aus dem Kreditgeschäft und höhere Aufwendungen im Einlagengeschäft kompensieren, indem sie den Umsatz ausweiten, neue Sparten der Banktätigkeit in ihr Leistungssortiment aufnehmen und vor allem kostenbewußter agieren[12]: Die verstärkte Anwendung betriebswirtschaftlicher Gesichtspunkte wird sich damit nicht auf die Absatzseite beschränken, sondern auch eine Kostenkalkulation umfassen, die sich auf jede einzelne Dienstleistung erstreckt[13].

Die Lage der Nichtbanken im Verkehr mit Banken ist durch unterschiedliche Ausgangspositionen gekennzeichnet. Großkunden können im

---

[12] Vgl. Bankspesen meist noch unverändert — Erhöhung künftig nicht ausgeschlossen, in: Frankfurter Allgemeine Zeitung, Nr. 10, 13. Januar 1970. Danach ergab eine Umfrage, daß Kreditinstitute erwägen, Gebühren für Bankleistungen, die während der Zeit der gebundenen Zinssätze vielfach eine untergeordnete Rolle spielten, als Ausgleich für die verminderte Zinsspanne einzuführen bzw. zu erhöhen.

[13] Vgl. die Vorschläge von:
H. J. Krümmel: Preisuntergrenzen — ein Wettbewerbsargument? in: Zeitschrift für das gesamte Kreditwesen, Heft 1, 1967, S. 14 f.; H. Lipfert: Dekkungsbeitragsmaximierung bei liberalisiertem Einlagen- und Kreditmarkt, in: Kredit und Kapital, Hrsg. W. Ehrlicher und H. Lipfert, Heft 1, 1968, S. 7 ff.; J. Süchting: Zur Kontroverse um die Bankkalkulation, in: Zeitschrift für das gesamte Kreditwesen, Heft 1, 1967, S. 15 ff.
Falls die Kreditinstitute kostengerechte Preise ermitteln können, stellt sich die Frage, ob diese am Markt durchzusetzen sind. Vgl. z. B. H. Brestel: Unrentable Gehaltskonten, in: Frankfurter Allgemeine Zeitung, Nr. 157, 11. Juli 1970.

Gegensatz zu Massenkunden Zugeständnisse der Banken in Konditionsfragen erzielen. Massenkunden unterliegen Präferenzen besonders örtlicher und persönlicher Natur, ihre Handlungsalternativen sind wegen der fehlenden Verhandlungsmacht begrenzt. An diesen Verhältnissen hat die Zinsfreigabe kaum etwas geändert. Dennoch werden Nichtbanken — Groß- wie Normalkunden — in Zukunft zunehmend bestrebt sein, die ihnen mit der Zinsfreigabe gebotenen Vorteile des Bankenwettbewerbs zu nutzen. Insbesondere Nichtbanken mit minderer Verhandlungsmacht werden versuchen, unter Hinweis auf die Konkurrenz über Konditionen zu verhandeln, um so als Kunden mit Verhandlungsmacht anerkannt zu werden. Kreditnehmer, denen dies nicht gelingt, werden weniger an dem verstärkten Wettbewerb der Kreditinstitute partizipieren; sie haben mit einer — im Vergleich zu der Zeit vor 1967 — mindestens gleich hohen Zinsbelastung zu rechnen[14].

Die Zinsliberalisierung hat im Einlagengeschäft der Kreditinstitute dazu geführt, daß die Nichtbanken teilweise zinsbewußter reagieren. Darauf deuten wenigstens die zinsinduzierten Umbuchungen von Spar- auf Terminkonten Ende 1969 / Anfang 1970 hin, sowie die höheren Zuwachsraten bei Spareinlagen mit vereinbarter gegenüber Einlagen mit gesetzlicher Kündigungsfrist. Entfallen eines Tages die Zinsempfehlungen der Verbände vollständig, so können Nichtbanken z. B. für Spareinlagen einer Laufzeitkategorie unter verschieden hohen Zinssätzen wählen[15].

---

[14] Vgl. dazu W. Engels: Wettbewerb in Rudimenten, in: Zeitschrift für das gesamte Kreditwesen, Heft 1, 1970, S. 16.

[15] Mitte 1970 vergüteten Kreditbanken und Sparkassen für Spareinlagen mit gesetzlicher Kündigung noch nahezu einheitlich 5 % an Zinsen, kleinere Privatbanken, Niederlassungen ausländischer Kreditinstitute und Teilzahlungskreditinstitute boten schon 5,5 %, 6 % und 6,25 %.

Literaturverzeichnis

A. Bücher, Dissertationen, Beiträge in Sammelwerken

Aust, E.: Der Wettbewerb in der Bankwirtschaft, Frankfurt/M. 1963

Becker, J.: Die kontinuierliche Liquiditätsversorgung des Bankensystems, Berlin 1969

Deeg, F.: Die Frage der kartellmäßigen und obrigkeitlichen Bindung der Bankkonditionen, insbesondere der Zinssätze, Dissertation, Erlangen 1957

Dürr, E.: Probleme des Soll- und Habenzinsabkommens, in: Wirtschaftspolitische Chronik des Instituts für Wirtschaftspolitik an der Universität zu Köln, Heft 3, 1957, S. 13 f.

Ernst, K. M.: Die Zinsreglementierung im Kreditgewerbe der Bundesrepublik Deutschland, Dissertation, Freiburg/Schweiz 1963

Ferber, M.: Pensionsgeschäfte der Kreditinstitute, Frankfurt/M. 1969

Fischer, O.: Bankbilanzanalyse, Meisenheim/Glan 1956

Gestrich, H.: Kredit und Sparen, 2. Auflage, Bad Godesberg 1947

Gnam, A.: Kreditinstitute im Wettbewerb, in: Wirtschaft und Wettbewerb, 1956, S. 581—586

Graf, R.: Die Finanzpolitik der Kreditbanken, Dissertation, München 1967

Gutenberg, E.: Grundlagen der Betriebswirtschaftslehre, II. Band, Der Absatz, 9. Auflage, Berlin, Heidelberg und New York 1965

Hagenmüller, K. F.: Die Bestimmungsfaktoren preispolitischer Autonomie bei Kreditinstituten, in: Geld, Kapital und Kredit, Hrsg. H. E. Büschgen, Stuttgart 1968, S. 158

Halm, G. N.: Geld, Außenhandel und Beschäftigung, Berlin 1966

Heubaum, H.: Das kreditpolitische Instrumentarium der Deutschen Bundesbank unter dem Gesichtspunkt seiner Auswirkungen auf den Wettbewerb im Kreditgewerbe, Dissertation, Aachen 1964

Hübl, L.: Bankenliquidität und Kapitalmarktzins, Berlin 1969

Ismer, H., G. *Lange* und H. *von Schweinitz:* Die Konsum- und Investitionsfunktion. Untersuchung für die Bundesrepublik Deutschland. Forschungsberichte des Landes Nordrhein-Westfalen Nr. 1024, Köln und Opladen 1962

Kantel, W.: Zins- und Wettbewerbsabkommen, Stuttgart 1955

Katona, G.: Das Verhalten der Verbraucher und Unternehmer, Tübingen 1960

Kaufmann, E. A.: Die Zinsempfindlichkeit der Investitionen, Dissertation, Zürich 1967

Knetschke, C.: Die Zinsreagibilität der industriellen Investition, Frankfurt/M. 1963

Köhler, Cl.: Geldwirtschaft, I. Band, Geldversorgung und Kreditpolitik, Berlin 1970

— Orientierungshilfen für die Kreditpolitik, Berlin 1968

Krümmel, H. J.: Bankzinsen, Untersuchungen über die Preispolitik von Universalbanken, Köln—Berlin—Bonn—München 1964

Kühl, H.: Das marktpolitische Instrumentarium der Bank unter besonderer Berücksichtigung der Werbung, Dissertation, Göttingen 1967

Lauer, P.: Leistungskoppelung im Bankbetrieb, Dissertation, Hamburg 1964

Lautenbach, W.: Zins/Kredit und Produktion, Hrsg. W. Stützel, Tübingen 1952

Leyherr, M.: Die Regelung der Habenzinsen in Deutschland, Dissertation, Nürnberg 1966

Linhardt, H.: Kreditinstitute im Wettbewerb, in: Wirtschaft und Wettbewerb, 1957, S. 3—21, wiederabgedruckt in: Geld- und Bankpolitik, Hrsg. E. Dürr, Köln und Berlin 1969, S. 434

Loos, N.: Die Marktpolitik der Kreditinstitute, Stuttgart 1969

Lutz, F. A.: Zinstheorie, Tübingen und Zürich 1956, S. 179

Paschke, W.: Bestimmungsgründe des persönlichen Sparens, Berlin 1961.

Rittershausen, H.: Bankpolitik, Frankfurt/M. 1956

Sachverständigenrat: Sachverständigenrat zur Begutachtung der gesamtwirtschaftlichen Lage, Jahresgutachten 1967/1968: Stabilität und Wachstum

Slevogt, H.: Marketing im Bankengeschäft, in: Die Finanzen des privaten Haushalts, Festschrift für W. Kaminsky, Hrsg. F. Schneider, Frankfurt/M. 1969, S. 4

Schmölders, G.: Geldpolitik, 2. neu bearbeitete Auflage, Tübingen und Zürich 1968

Schneider, E.: Einführung in die Wirtschaftstheorie, III. Band, 9. erweiterte und verbesserte Auflage, Tübingen 1965.

— Wirtschaftlichkeitsberechnung, Theorie der Investition, 7. verbesserte und erweiterte Auflage, Tübingen und Zürich 1968

Schork, L.: Gesetz über das Kreditwesen, Stuttgart 1967

Spoo, D.: Bankenwerbung, Wiesbaden 1969

Stampfli, P.: Zinsspanne und Zinsspannenrechnung im Kreditgewerbe, Bern 1955

Stützel, W.: Bankpolitik heute und morgen, Frankfurt/M. 1964

Stucken, R.: Deutsche Geld- und Kreditpolitik, Tübingen 1964

Tichy, B.: Kreditpolitik ohne Mythos, Wien—Frankfurt—Zürich 1967

Veit, O.: Grundriß der Währungspolitik, 3. Auflage, Frankfurt/M. 1969

Walb, E.: Übersetzung und Konkurrenz im deutschen Kreditapparat, in: Untersuchungen des Bankwesens 1933, I. Teil, Hrsg. Untersuchungsausschuß für das Bankwesen, 1. Band

Wissler, A.: Das Zinsproblem in theoretisch-empirischer Sicht, Berlin 1955

Wissmann, B.: Die Zinsempfindlichkeit der deutschen Sparer, Berlin 1960

Wöhe, G.: Allgemeine Betriebswirtschaftslehre, 6. Auflage, Berlin und Frankfurt/M. 1965

B. Beiträge in Zeitungen und Zeitschriften, Broschüren

Andreas, K.: „Graue" Sollzinsen?, in: Frankfurter Allgemeine Zeitung, Nr. 139, 19. Juni 1954

Bähre, I. L.: Nach der Zinsfreigabe? Vortrag gehalten vor der Generalversammlung der Zentralkasse Württembergischer Volksbanken, Stuttgart, 27. April 1967, in: Deutsche Bundesbank, Auszüge aus Presseartikeln, Nr. 37, 31. Mai 1967, S. 7

Baumann, H.: Die Zinsproblematik aus der Sicht der Volksbanken, in: Der Volkswirt, Nr. 41, 11. Oktober 1963, Beiheft „Geld und Kredit", S. 38

Becker, W. D.: Reglementierte und freie Zinsen in Deutschland, in: Schriftenreihe des Österreichischen Forschungsinstitutes für Sparkassenwesen, 4. Heft, 1968, S. 48

von Bethmann, J. P.: Freie Zinsen — ehrliche Zinsen, in: Frankfurter Allgemeine Zeitung, Nr. 45, 22. Februar 1967

Brestel, H.: Unrentable Gehaltskonten, in: Frankfurter Allgemeine Zeitung, Nr. 157, 11. Juli 1970

Czerwensky, G.: Entmachteter Diskont?, in: Süddeutsche Zeitung, Nr. 66, 18./19. März 1967

Deutsches Institut für Wirtschaftsforschung: Die Zinsreagibilität im Wohnungsbau, Wochenbericht Nr. 48, 26. November 1965, S. 233 ff.

Emminger, O.: Aktuelle Probleme der Geld- und Bankpolitik, Vortrag gehalten vor dem Verband der privaten Kreditinstitute in Hessen, Frankfurt/M., 15. März 1967, in: Deutsche Bundesbank, Auszüge aus Presseartikeln, Nr. 22, 17. März 1967, S. 6.

Engels, W.: Wettbewerb in Rudimenten, in: Zeitschrift für das gesamte Kreditwesen, Heft 1, 1970, S. 16

Fessler, E.: Von der Zinsbindung zur Zinsfreiheit, Vortrag gehalten vor dem Institut für Bankwirtschaft und Bankrecht an der Universität zu Köln, 30. Mai 1967, in: Deutsche Bundesbank, Auszüge aus Presseartikeln, Nr. 41, 8. Juni 1967, S. 2

Geiger, H.: Für schrittweise Zinsliberalisierung, in: Industriekurier, Nr. 30, 25. Februar 1967

Gleske, L.: Notenbankpolitik und Zinsliberalisierung, in: Der Volkswirt, Nr. 42, 20. Oktober 1967, Beiheft „Geld und Kredit", S. 12

Günther, H.: Diskont und Sparzins, in: Bank-Betrieb, Nr. 7/8, Juli/August 1969, S. 258 f.

— Liberalisierung bedeutet Zinserhöhung, in: Industriekurier, Nr. 25, 16. Februar 1967

— Vom Diskontsatz trennen?, in: Der Volkswirt, Nr. 28, 13. Juli 1962, S. 1420

Hahn, O.: Die Auswirkungen einer Diskonterhöhung auf die Rentabilität der Universalbanken, in: Sparkasse, Heft 1, 1967, S. 5.

— Die Zinsempfindlichkeit der Kreditnehmer, in: Österreichisches Bankarchiv, Heft 10 und 11, Oktober und November 1967, S. 390 ff. bzw. 430 ff.

Hagelstein, B.: Das Zinsoligopol, in: Industriekurier, Nr. 80, 24. Mai 1967

Hagenmüller, K. F.: Die Zinsspannenrechnung im Kreditgewerbe, in: Der Volkswirt, Nr. 42, 20. Oktober 1967, Beiheft „Geld und Kredit", S. 16

Hartel, K.: Mit den Zinsen werben, in: Sparkasse, Heft 10, 1969, S. 326 f.

von Hauenschild, M. O.: Bankgeschäft — Der veränderte Markt, in: Der Volkswirt, Nr. 42, 18. Oktober 1968, Beilage „Geld und Kredit", S. 6

Henkel, H.: Plädoyer für Freiheit der Bankzinsen, in: Zeitschrift für das gesamte Kreditwesen, Heft 1, 1966, S. 10

Hüchting, P.: Kooperation, Notwendigkeit und Formen, in: Bank-Betrieb, Nr. 11, 1968, S. 321

Janberg, H.: Freiheit für Bankzinsen?, in: Zeitschrift für das gesamte Kreditwesen, Nr. 1, 1966, S. 26

Kalkstein, H.: Bewährung der Banken-Liquiditätspolitik unter dem Kreditwesengesetz, Ansprache vor der Jahresversammlung des Deutschen Genossenschaftsverbandes, Baden-Baden 1965, in: Börsen-Zeitung, Nr. 228, 26. November 1965

— Die Geschichte der staatlichen Zinsregelung in Deutschland, in: Der Volkswirt, Heft 41, 11. Oktober 1963, Beiheft: „Geld und Kredit", S. 8 ff.

Kapteina, W.: Verstärkte Konzentration im deutschen Kreditgewerbe, in: Bank-Betrieb, Nr. 5, 1969, S. 174

Katterfeld, K. H.: Gestaltungsmöglichkeiten der Kreditkonditionen im Kontokorrentverkehr nach der Zinsfreigabe, in: Bankbetriebliche Information, Heft 3, 15. Juni 1967, S. 68 ff.

Kleinhaus, J.: Zinsexperimenten ist jetzt Tür und Tor geöffnet, in: Raiffeisen-Rundschau, Heft 4, 1967, S. 135

Köhler, Cl.: Die Kreditpolitik lockert die Bremsen, in: Wirtschaftswissenschaftliche Mitteilungen, März 1967, S. 65

— Liquiditätsversorgung und Kreditpolitik, Vortrag gehalten vor der Stadtschaft der Mark Brandenburg, Berlin, 7. April 1967, unveröffentlicht

— Monetäre Hilfen für einen neuen Wirtschaftsaufschwung, in: Wirtschaftswissenschaftliche Mitteilungen, August/September 1967, S. 222 f.

— Hat sich die Zinsfreigabe bewährt?, in: Der Volkswirt, Nr. 20, 17. Mai 1968, S. 27

Könneker, W.: Die Zinsverordnung, ihre Aufgaben und die Grenzen, in: Zeitschrift für das gesamte Kreditwesen, Heft 1, 1966, S. 20

Köllhofer, D.: Das Mengengeschäft der Banken, in: Bank-Betrieb, Nr. 12, Dezember 1969, S. 422 ff.

Kromphardt, J.: Bestimmungsgründe und Funktionen des Zinses im Wachstum, in: Zeitschrift für die gesamte Staatswissenschaft, 123. Band, 4. Heft, Oktober 1967, S. 645

Krümmel, H. J.: Preisuntergrenzen — ein Wettbewerbsargument?, in: Zeitschrift für das gesamte Kreditwesen, Heft 1, 1967, S. 14 f.

Linhardt, H.: Kreditinstitute im Wettbewerb, in: Kritik der Währungs- und Bankpolitik, Bankwirtschaftliche Schriftenreihe, Band 7, Köln und Opladen 1963, S. 120 f.

Lipfert, H.: Deckungsbeitragsmaximierung bei liberalisiertem Einlagen- und Kreditmarkt, in: Kredit und Kapital, Hrsg. W. Ehrlicher und H. Lipfert, Heft 1, 1968, S. 7 ff.

Martersteig, M.: Banklübliche Berechnungsmethoden für Zinsen, Gebühren und Auslagen, in: Bankbetriebliche Information, 15. Februar 1968, S. 13 ff. und 15. April 1968, S. 57 ff.

Marx, W.: Zinsspannen privater Kreditbanken, in: Der Volkswirt, Nr. 42, 20. November 1967, Beiheft „Geld und Kredit“, S. 25 f.

Penzkofer, P.: Im Sog des Marketing, in: Der Volkswirt, Nr. 35, 29. August 1969, S. 31

von Renthe gen. Fink, D.: Sind Zinsempfehlungen zulässig?, in: Wirtschaft und Wettbewerb, Heft 5, Mai 1967, S. 315 ff.

Rieger, K.: Grundsätzliches und Aktuelles zum Markt der deutschen Kassenobligationen, in: Bank-Betrieb, Nr. 4, 1965, S. 93 f.

Röpke, W.: Der Platz der Banken in einer entwickelten Volkswirtschaft, in: Festschrift für C. G. Trinkaus, Düsseldorf 1960, S. 122

Schmölders, G.: Die sogenannte „Zinsempfindlichkeit“ des Sparers, in: Zeitschrift für das gesamte Kreditwesen, Heft 15, 1961, S. 713 f.

Schreihage, H.: Kein ruinöser Wettbewerb, in: Industriekurier, Nr. 30, 25. Februar 1967

— Wettbewerb und Wettbewerbsbeschränkung im Kreditgewerbe, in: Zeitschrift für das gesamte Kreditwesen, Heft 1, 1960, S. 15

Schweizerische Bankgesellschaft: Nationale Zinsstrukturen und internationales Zinsgefälle, Zürich, Februar 1970, S. 3

Süchting, J.: Zur Kontroverse um die Bankkalkulation, in: Zeitschrift für das gesamte Kreditwesen, Heft 1, 1967, S. 15 ff.

Trautmann, W.: Deutsche Bundesbank erhöht den Diskontsatz, in: Basler Nachrichten, Nr. 57, 7./8. März 1970

Untersuchungsausschuß für das Bankwesen 1933: Maßnahmen des Staates hinsichtlich einer Beaufsichtigung und Reglementierung des Bankwesens, Referat II/3, Berlin, Oktober 1933, S. 34

Verein Deutscher Maschinenbau-Anstalten e. V.: Ergebnisse der Umfrage über Zusammenhänge zwischen den Maßnahmen der Bundesbank und ihren Auswirkungen im Maschinenbau, Frankfurt/M., 30. März 1967, nicht veröffentlicht

Vierhoff, F.: Zu Lasten des Mittelstandes, in: Industriekurier, Nr. 30, 25. Februar 1967

Volkswirtschaftliche Studiengruppe der Amsterdam-Rotterdam Bank N. V., Deutsche Bank AG, Midland Bank Ltd., Société Générale de Banque S. A., Generale Bankmaatschappij N. V.: Europäische Kapitalmärkte, o. J., o. O., S. 30

Weber-Krebs, F.: Zinskartelle ante portas?, in: Zeitschrift für das gesamte Kreditwesen, Nr. 6, 1966, S. 222

Wittgen, R.: Wer macht den Zins?, in: Der Volkswirt, Nr. 19, 8. Mai 1970, S. 44

Ohne Verfasser: Amerikaner offerieren mehr Zins, in: Frankfurter Allgemeine Zeitung, Nr. 22, 27. Januar 1970

— Krisen-Diskont nicht von langer Dauer, in: Industriekurier, Nr. 140, 13. September 1969

— Bankspesen meist noch unverändert — Erhöhung künftig nicht ausgeschlossen, in: Frankfurter Allgemeine Zeitung, Nr. 10, 13. Januar 1970

— Banken — Von der Werbung „erobert", in: Der Volkswirt, Nr. 23, 6. Juni 1969, S. 13

— Was Banken zahlen und verlangen, in: Industriekurier, Nr. 12, 24. Januar 1970

— Bundesbank diskutiert eine Begrenzung der Kredite, in: Frankfurter Allgemeine Zeitung, Nr. 10, 13. Januar 1970

— Der verschärfte Wettbewerb hat die Zinsspanne reduziert, in: Frankfurter Allgemeine Zeitung, Nr. 213, 12. September 1968

— Diskonterhöhung: Die Folgen, in: Der Volkswirt, Nr. 11, 13. März 1970, S. 56

— Diskontklausel bei Dreimonatsgeldern, in: Frankfurter Allgemeine Zeitung, Nr. 279, 24. November 1966

— Einlagenzins soll bleiben, in: Frankfurter Allgemeine Zeitung, Nr. 225, 29. September 1969

— Investitionen bisher kaum gedrosselt, in: Frankfurter Allgemeine Zeitung, Nr. 146, 29. Juni 1970

— Kommt eine deutsche prime rate?, in: Börsen-Zeitung, Nr. 86, 14. April 1970

— Kooperation Bank - Versicherung, in: Frankfurter Allgemeine Zeitung, Nr. 223, 26. September 1969

— Kreditgewerbe vom Beschluß des Zentralbankrates vom 16. März 1967 nicht überrascht, in: Vereinigte Wirtschaftsdienste, Wirtschaftsspiegel, Nr. 67, 16. März 1967

— Die Kredit-Praktiken der Banken, in: Capital, Nr. 9, 1969, S. 116 f.

— Leichte Entspannung an den Geldmärkten — Habenzinsgespräche im Kreditgewerbe, in: Frankfurter Allgemeine Zeitung, Nr. 287, 11. Dezember 1969

— Lücke im Instrumentarium der Notenbank, in: Frankfurter Allgemeine Zeitung, Nr. 300, 29. Dezember 1969

— Ponto setzt sich für Kredit-Eckzins ein, in: Frankfurter Allgemeine Zeitung, Nr. 86, 14. April 1970

— Der Spareckzins wird erhöht, in: Frankfurter Allgemeine Zeitung, Nr. 16, 20. Januar 1970

— Auch Post erhöht Zinsen, in: Frankfurter Allgemeine Zeitung, Nr. 20, 24. Januar 1970

— Vielfach noch 4 % Sparzins-Proteste gegen die Politik der Postsparkasse, in: Frankfurter Allgemeine Zeitung, Nr. 126, 3. Juni 1967

Ohne Verfasser: Der private Sparer entdeckt den Geldmarkt, in: Frankfurter Allgemeine Zeitung, Nr. 114, 20. Mai 1970

— Der Sparer will mehr, in: Wirtschaftswoche, Nr. 27, 2. Juli 1971, S. 47

— Sparkassenkredite für BMW, in: Frankfurter Allgemeine Zeitung, Nr. 222, 25. September 1969

— Sparverhalten der privaten Haushalte, in: Zeitschrift für das gesamte Kreditwesen, Heft 16, 1970, S. 794 f.

— Tätigkeitsbericht des Bundeskartellamtes für das Jahr 1969, in: Bundestagsdrucksache IV/950, S. 32 f.

— Der verschärfte Wettbewerb hat die Zinsspanne reduziert, in: Frankfurter Allgemeine Zeitung, Nr. 213, 12. September 1968

— Stellungnahme des Wissenschaftlichen Beirats beim Bundesministerium für Wirtschaft: Fragen staatlicher Zinsregulierung, in: Bulletin des Presse- und Informationsamtes der Bundesregierung, Bonn, Nr. 91, 12. Juli 1966

— Zins für Termingelder vielfach ermäßigt, in: Frankfurter Allgemeine Zeitung, Nr. 193, 22. August 1970

C. Laufende Veröffentlichungen

Bundesanzeiger

Bundesgesetzblatt

Bundestagsdrucksachen

Banque National de Belgique: Bulletin d'Information et de Documentation

Geschäftsberichte der Deutschen Bundesbank

Jahresberichte des privaten Bankgewerbes e. V.

Jahresberichte des deutschen Sparkassen- und Giroverbandes e. V.

Jahrbücher des Deutschen Genossenschaftsverbandes e. V. (Schulze-Delitzsch)

Monatsberichte der Deutschen Bundesbank

Reichsgesetzblatt

Reichsanzeiger

Statistische Beihefte zu den Bundesbankberichten

Wirtschaft und Statistik, Hrsg. Statistisches Bundesamt

D. Sonstiges

Urteil des Bundesverwaltungsgerichtes vom 10. Juli 1958

Allgemeine Geschäftsbedingungen der Deutschen Bundesbank, Stand 1. Juli 1969

Kreditwesengesetz von 1934 und 1961

Pressenotiz der Deutschen Bundesbank vom 3. Juni 1971

Autorenregister

Sachregister